Ullstein Krimi

Ullstein Krimi
Ullstein Buch Nr. 10176
im Verlag Ullstein GmbH,
Frankfurt/M – Berlin – Wien
Übersetzt von Brigitte Walitzek

Umschlagentwurf:
Atelier Noth + Hauer, Berlin

Printed in Germany 1982
Gesamtherstellung:
Ebner Ulm
ISBN 3 548 10176 3

Oktober 1982

In der Reihe
Ullstein Bücher
Alfred Hitchcocks
Kriminalmagazine

Band 100 (1925)
Band 102 (1943)
Band 103 (1949)
Band 104 (1955)
Band 105 (1961)
Band 106 (1973)
Band 108 (1985)
Band 109 (1991)
Band 110 (10006)
Band 111 (10018)
Band 113 (10035)
Band 114 (10039)
Band 115 (10043)
Band 116 (10051)
Band 117 (10055)
Band 118 (10059)
Band 135 (10156)
Band 136 (10160)
Band 137 (10164)
Band 138 (10168)
Band 139 (10172)

CIP-Kurztitelaufnahme
der Deutschen Bibliothek

Alfred Hitchcocks Kriminalmagazin. –
Frankfurt/M; Berlin; Wien: Ullstein
Einheitssacht.: Alfred Hitchcock's
mystery magazine <dt.>

NE: Hitchcock, Alfred [Hrsg.]; EST

Bd. 140. Neun Kriminalstories mit Pfiff
und Pointe / hrsg. von Walter Spiegl.
[Übers. von Brigitte Walitzek]. – 1982.
(Ullstein-Buch; Nr. 10176:
Ullstein-Krimi)
ISBN 3-548-10176-3
NE: Spiegl, Walter [Hrsg.]; GT

ALFRED HITCHCOCKS KRIMINALMAGAZIN

BAND 140

NEUN KRIMINALSTORIES
MIT PFIFF UND POINTE

Herausgegeben
von Walter Spiegl

Ullstein Krimi

Inhalt

Robert Twohy

Die Menschen sind schlecht

Ich will von jener Nacht erzählen. Ich erinnere mich noch gut daran. An jede einzelne Sekunde.

Aber erst muß ich etwas über Dixon sagen.

An jenem Morgen kam er nach Hause, als ich gerade zur Arbeit gehen wollte. Er grinste wie ein Pavian, schwankte theatralisch und legte die Hand mit großer Geste auf die Stirn.

»Mann, Maus, bin ich geschafft. Was für eine Nacht! Ich mache heute blau. Ich muß mich ein bißchen ausruhen, weil wir uns für heute abend schon wieder verabredet haben. Sie will in ihrer Wohnung etwas kochen – und dann werden wir die ganze Nacht daheim bleiben – Drinks, leise Musik – Maus, das ist vielleicht eine Frau. Eine richtige Vollblutfrau.«

Ich sah ihn nur an, wie er grinsend dastand, drehte mich um und ging.

Was für ein dreckiger, dummer, unanständiger Mistkerl er doch war.

Warum hatte ich ihn eigentlich in meine Wohnung aufgenommen? Nun, wir kamen aus derselben Stadt. Wir waren zusammen zur Schule gegangen, und damals bewunderte ich ihn. Wie alle anderen Kinder auch. Er war frech und schnell und stark, er spielte den Lehrern Streiche und tat verrückte, gewagte Dinge. Er nannte mich Maus. Auch die anderen Kinder nannten mich so, weil er es tat.

Auf der High School gehörte ich zu einer anderen Clique und hatte nichts mit ihm und den Wirrköpfen zu tun, mit denen er ständig zusammen steckte. Ich haßte sie. Sie hatten den Kopf voll schmutziger Gedanken und redeten unanständiges Zeug. Wenn er mich zufällig im Gang traf, grinste er und sagte Dinge wie: »Na, wie geht's denn, Maus? Was machen die Mädchen?« Im zweiten Jahr flog er von der Schule. Danach verschwand er aus der Stadt. Auf jeden Fall habe ich ihn nicht mehr gesehen.

Aber dann, etwa drei Monate vor jener Nacht, begegneten wir uns in dieser Stadt zufällig wieder. Die Schule hatte ich schon lange hinter mir, und im Augenblick stand ich vor einem

Problem. Der Typ, mit dem ich mir die Wohnung teilte, war von seiner Firma in eine andere Stadt versetzt worden und ausgezogen, und ich kannte niemanden, den ich fragen konnte, ob er nicht bei mir einziehen wollte. Ich wollte die zweihundertzehn Dollar Miete pro Monat nicht allein tragen.

Ich hatte Geld auf der Bank, weil ich weder trank noch rauchte noch mir verrückte Klamotten kaufte. Ich sparte mein Geld. Meine Mutter hatte mich so erzogen: spar dein Geld, leg dir etwas auf die hohe Kante, und eines Tages wirst du dein eigenes Geschäft aufmachen können. Sie war ein gescheiter, lieber Mensch, meine Mutter. Sie starb, als ich vierzehn war. Vater hatte mit dem Lebensmittelladen alle Hände voll zu tun. Er starb vor zwei Jahren. Ich vermisse ihn überhaupt nicht. Aber meine Mutter fehlt mir sehr.

Meine Wohnung gefiel mit auch. Sie war klein und altmodisch und ruhig und sehr hübsch. Ich wollte hier wohnen bleiben. Aber ich konnte mir die zweihundertzehn Dollar allein nicht leisten.

Während Dixon und ich bei unserem ersten Wiedersehen Kaffee tranken und über die Schulzeiten redeten, stellte sich heraus, daß er eine Wohnung suchte. Er schien zivilisiert geworden zu sein, nannte mich Herbert und nicht Maus. Er sprach recht besonnen, und die verrückten bösen alten Zeiten schienen hinter ihm zu liegen. Er arbeitete in einer Spedition. Sein Anzug war sauber, und er sah durchaus annehmbar aus. Ich erzählte ihm von meinem Problem, sagte ihm, wie hoch die Miete sei und fragte ihn, ob wir es nicht zusammen versuchen sollten.

So fing alles an.

Eine Zeitlang ging alles gut. Er trank gelegentlich und war hinter den Weibern her, und manchmal ging er nicht zur Arbeit und borgte sich ein paar Dollar bei mir, um die Zeit bis zum nächsten Zahltag zu überbrücken, aber er gab mir das Geld immer wieder zurück. Einmal brachte er über Nacht ein Mädchen mit und am nächsten Tag sagte Mrs. Loft, die Vermieterin, daß er ausziehen müßte, wenn das noch einmal vorkäme.

Ich bestellte ihm, was Mrs. Loft zu mir gesagt hatte, und er fragte: »Wo leben wir denn? Im Mittelalter?«

Ich sagte: »Es ist ihr Haus, und sie mag es nun mal nicht leiden.«

Er schimpfte ein bißchen herum, dann zuckte er die Achseln und sagte: »Meinetwegen, Mau – ich meine Herbert. Ich werde die zarten Gemüter dieses Nonnenklosters nicht wieder erregen.«

Von da an ging er immer zu den Mädchen nach Hause, oder er ging mit ihnen in ein Motel. Aber unsere Beziehung kühlte sich merklich ab. Es gefiel mir nicht, was er über die Wohnung gesagt hatte. Und schon gar nicht gefiel mir, daß er mich fast wieder Maus genannt hatte.

Aber ich hatte mein Zimmer, und er hatte seins. Ich konnte meine Tür zumachen, Radio hören oder lesen, und er hatte das Wohnzimmer mit dem Fernseher für sich. Ich mache mir nicht viel aus Fernsehen. Aber normalerweise war er abends sowieso weg und kam erst spät heim, falls überhaupt. Unser Zusammenleben war ziemlich erträglich, und ich war sicher, daß ich es noch ein paar Monate aushalten konnte, bis mein Vertrag abgelaufen war. Wenn ich dann keinen anderen Untermieter fand, würde ich ausziehen.

Und dann lernte ich Rosalie kennen.

Sie fing als Kellnerin in dem Restaurant neben dem Schuhgeschäft an, in dem ich arbeitete. Sie war klein, dunkelhaarig, zierlich, hatte helle, klare Augen, eine sanfte Stimme und ein Lächeln –

Ich aß dort jeden Tag zu Mittag, und ich beobachtete sie zwei Wochen lang, ehe ich es wagte, sie um eine Verabredung zu bitten. Ich hatte kein Rendezvous mehr gehabt, seit – hatte ich überhaupt schon jemals ein Rendezvous gehabt? Mädchen hatten in meinem Leben nie eine Rolle gespielt. Meine Mutter hatte immer gesagt: »Laß dich nicht mit Mädchen ein. Mädchen können für einen jungen Mann mit Zukunftsaussichten sehr gefährlich sein. Die meisten Mädchen denken nur an sich.« Ich hatte eine Zukunft, und ich wollte sie mir nicht ruinieren lassen. Mutter sagte: »Eines Tages wirst du das richtige Mädchen kennenlernen, und du wirst es vom ersten Augenblick an wissen.« Ich sah Rosalie an und dachte, ich wüßte es.

Wir gingen ins Kino. Danach gingen wir oft ins Kino und ab und zu zum Essen in ein Restaurant. Ich gab ihr kleine

Geschenke – ich kaufte ihr ein goldenes Medaillon und eine Armbanduhr, und als sie mir erzählte, ihr Plattenspieler sei kaputt, bezahlte ich die Reparatur. Und ich kaufte ihr ein Kleid, das ihr in einem Schaufenster gut gefallen hatte. Zweimal half ich ihr mit der Miete aus. Einmal gab ich ihr hundertfünfzig Dollar, weil ihre Mutter eine Arztrechnung bezahlen mußte.

Wir gingen im Park spazieren, setzten uns manchmal an den See, sahen den Enten zu, und ich hielt ihre Hand.

Eines Abends, als ich sie bis zu ihrer Tür begleitete, gab ich ihr einen Gutenachtkuß. Sie lächelte mich an, ihre Augenlider hoben und senkten sich, und sie sagte mit ihrer sanften Stimme: »Oh, wie lieb du bist, Herbert. Was für ein süßer Kuß.« Von da an küßte ich sie immer, wenn ich sie vor ihrer Tür ablieferte.

Ich sah sie ein- bis zweimal die Woche. Sie sagte, daß es ihrer Mutter, die bei ihr wohnte, nicht sehr gut ginge, daß die alte Dame nervös wurde, wenn sie abends allein bleiben mußte, und daß sie sich in Gegenwart von Gästen nicht wohl fühle. Also ging ich nie mit hinauf in Rosalies Wohnung. Wir trafen uns immer in der Stadt, oder ich holte sie nach der Arbeit ab. Im Restaurant kannten mich schon alle. Sie lächelten, wenn ich kam, um Rosalie abzuholen.

Sie schien genau das Mädchen zu sein, das meine Mutter für mich ausgesucht hätte.

Ich wollte einfach, daß sie bei mir war – es machte mich stolz und glücklich. Mehr wollte ich nicht von ihr. Ich dachte daran, daß ich irgendwann Abteilungsleiter im Schuhgeschäft werden würde. Dann würde ich genug verdienen und sie bitten, mich zu heiraten. Ihre Mutter konnte bei uns leben, das würde mir gar nichts ausmachen, und wir drei konnten uns ein Haus in einem Vorort suchen und glücklich sein.

Drei Wochen vor jener Nacht, von der ich erzählen will, lud ich sie in eine Pizzeria ein. An der Bar stand, ein Glas Whisky in der Hand, Dixon.

Er kam zu uns an den Tisch. Er sah sie an, wie er alle Frauen ansieht, als seien sie eine Ware in einem Kaufhausregal, nur für ihn dort aufgestellt. Auch sie sah ihn mit glänzenden Augen an.

Er sagte: »Sie müssen Wein zum Essen trinken« und bestellte beim Kellner eine ganze Flasche.

Rosalie pflegte gelegentlich ein Glas Wein zum Essen zu trinken. In dieser Nacht trank sie vier oder fünf Gläser, denn Dixon bestellte noch eine Flasche, und sie lachte viel. Ich hatte sie noch nie so lachen gehört – schrill. Ich hatte ihre Augen noch nie so glänzen gesehen wie jetzt, als sie Dixon ansah. Den miesen Weiberhelden Dixon mit seinem frechen Grinsen.

Ich brachte sie nach Hause. Ich sagte nicht viel, und auch sie schwieg die meiste Zeit. In ihren Augen lag ein merkwürdiger, abwesender Ausdruck und ein kleines Lächeln. Ich küßte sie nicht zum Abschied.

Als ich in unsere Wohnung kam, lief Dixon im Wohnzimmer auf und ab. Er sagte: »Sie hat Feuer, Herbert. Die kleine Füchsin will was.«

»Füchsin? Was meinst du damit? Und was willst du damit sagen, sie will was? Was denn?«

»Sex.«

Ich schlug nach ihm. Darüber bin ich sehr froh. Ich versuchte es jedenfalls. Es endete damit, daß ich mit blutender Nase auf dem Boden lag, aber ich bin froh, daß ich versuchte, ihn zu schlagen.

Er rieb sich die Faust und lachte. »Maus, verschwende meine Zeit nicht. Ich kämpfe mit Männern.«

Ich hätte ihm am liebsten gesagt, daß er verschwinden solle, und zwar auf der Stelle. Aber da war die Miete. Ich wollte die Miete nicht allein bezahlen müssen.

Ich stand auf. »Sie ist ein anständiges Mädchen. Sie ist nicht so wie die Weiber, mit denen du dich herumtreibst.«

Er schüttelte grinsend den Kopf. »Du lebst ja in den Wolken, Maus. Man sollte dich eigentlich ausstopfen und in einem Museum ausstellen – als Überbleibsel aus einer längst vergangenen Zeit. Ich habe mich mit ihr verabredet.«

»Was?«

»Ich habe mich mit ihr verabredet. Während du auf der Toilette warst. Sie braucht einen richtigen Mann – keine Maus.«

Am nächsten Tag ging ich ins Restaurant. Es war nicht viel Betrieb, nur ein paar Stammgäste waren da.

Sie sagte: »Also gut, ich habe mich mit ihm verabredet. Na und? Glaubst du etwa, daß ich dein Eigentum bin, nur weil du mir ein billiges Medaillon und ein bißchen Geld gegeben hast?«

Es war nicht billig gewesen. Es hatte über achtzig Dollar gekostet.

»Er taugt nichts. Er will nur – was Männer wie er immer wollen.«

»Und du willst das nicht, wie?« Ich hatte sie noch nie so lächeln gesehen. Sonst war ihr Lächeln immer süß und warm. Jetzt war es voller Hohn. »Was willst du denn, Herbert? Willst du mich an deinem Arm tragen wie ein Schmuckstück?«

»Bitte, geh nicht mit ihm aus.«

»*Bitte*!« Sie lachte. »Redet so ein Mann, wenn er von einem Mädchen etwas will?«

Sie ging von mir weg, dann blieb sie stehen und drehte sich noch einmal zu mir um, mit diesem entsetzlichen, höhnischen, abfälligen Grinsen. »Auf Wiedersehen, Herbert. Ich will nicht sagen, daß es Spaß gemacht hat, aber es war auf jeden Fall etwas anderes.«

Das war das letzte Mal, daß ich sie sah. Von da an aß ich in einem anderen Restaurant.

Aber Dixon sah sie. Und er erzählte mir davon.

Ich versuchte, ihm aus dem Weg zu gehen. Ich zog mich in mein Zimmer zurück und schloß die Tür ab. Er kam von der Arbeit heim und ging unter die Dusche, wo er wie immer in schaurigen Tönen sang. Dann hörte ich ihn im Wohnzimmer. Dann rüttelte er an meiner Tür.

»Maus? Ich habe eine Verabredung. Mit Rosalie. Willst du wissen, was wir letzte Nacht getrieben haben? Ich war die ganze Zeit in ihrer Wohnung – war das eine Nacht! Ich möchte nicht in Einzelheiten gehen, du würdest ja sowieso nicht kapieren, wovon ich rede. Jedenfalls wohnt keine Mama bei ihr, Maus. Rosalie hat dir einen Bären aufgebunden, und du bist darauf hereingefallen. Ist das alles, was du in unserer tollen Schule gelernt hast – wie man der größte Dummkopf der Welt wird?«

Ich saß einfach nur da. Ich antwortete nicht auf seine Gemeinheiten.

»Sie hat eine schöne Wohnung, Maus. Vielleicht werde ich bei ihr einziehen. Du solltest ein bißchen mehr über Frauen lernen, Maus. Sie wollen einen Mann, der weiß, was die Weiber wollen, und der weiß, wie er es ihnen geben muß.«

Am siebenundzwanzigsten September kam ich von der Arbeit erst spät nach Hause, weil ich sichergehen wollte, daß Dixon schon zu seiner Verabredung gegangen war, von der er mir am Morgen erzählt hatte – zu einer Verabredung mit Rosalie.

Er war weg. Es war nach sieben. Ich holte eine Cola aus dem Kühlschrank, setzte mich ins Wohnzimmer, trank, starrte die Wände an und dachte daran, daß sie jetzt wahrscheinlich zusammen essen gingen und später dann in ihr Schlafzimmer, wo sie all die Dinge taten, die sie immer anstellen.

Plötzlich hörte ich einen Schuß.

Er kam von oben. Ein kurzer, trockener Knall. Ich hatte noch nie zuvor einen Schuß gehört, außer natürlich in Filmen, aber ich wußte gleich, daß es ein Schuß war.

Ich saß wie erstarrt, die Colabüchse an den Lippen, und vielleicht eine halbe Minute verging, ehe ich mich bewegte.

Ich stellte die Colabüchse weg, ging zur Tür, öffnete sie einen Spaltbreit und lauschte. Es war nichts zu hören. Im Haus war es totenstill.

Oben wohnte zur Straße hinaus ein Student, den ich nur an Wochenenden zu Gesicht bekam. Er arbeitete tagsüber und ging abends in seine Vorlesungen. Neben ihm wohnte ein neuer Mieter, ein kränklich aussehender, blasser älterer Mann, der erst vor ein paar Wochen eingezogen war und den ich nur ein paar Mal auf der Treppe gesehen hatte. Das war alles. Die dritte Wohnung oben stand leer.

Auch unten war eine Wohnung nicht belegt. Die zwischen Mrs. Loft und mir. Es war Donnerstag, und sie war in der Stadt und versah ihren Pförtnerdienst in einem Bürogebäude, wo sie dreimal die Woche arbeitete.

Ich warf einen Blick auf das Telefon. Ich konnte die Polizei anrufen und sagen: »In der Myrtle Street 320 ist geschossen worden«, und in meinem Zimmer warten. Statt dessen ging ich durch den Gang und die Treppe hinauf.

Ich kann es nicht erklären. Es war so gar nicht typisch für mich. Es muß das Schicksal selbst gewesen sein, das mich die Treppe hinaufzog.

Ich erreichte den dunklen Treppenansatz, ging durch den Gang bis zur mittleren Tür und drehte am Griff. Die Tür ging auf.

Der kränkliche, blasse Mann lag mitten in dem trübe beleuchteten Zimmer auf dem Boden. Er lag auf dem Rücken. Er trug ein weißes Hemd und braune Hosen. In der rechten Hand hielt er eine Pistole. Seine Augen starrten zur Decke. Blut floß aus einer Wunde in seiner Schläfe.

Nach einer Weile hörte ich auf, ihn anzustarren, und sah mich um. Als erstes bemerkte ich das Blatt Papier auf dem Schreibtisch. Daneben stand eine Flasche Wein, in der nur noch ein kleiner Rest war. Ich ging zum Schreibtisch und las:

»Man erreicht einen Punkt, wo man keine Hoffnung mehr hat. Alle haben einen enttäuscht. Hundertsiebenundzwanzig Dollar in der Tasche, und die Miete ist fällig – alles ist fällig. Ich bin nur noch ein kranker, alter Säufer. Alles ist zerstört. Sie ist weg, die Kinder sind weg – was hat es noch für einen Sinn?

John J. Hooper.«

Mein erster Impuls war, die Polizei anzurufen. Es würden Fragen gestellt werden, und vielleicht kam die Sache sogar in die Zeitungen. Aber wahrscheinlich nicht. Wer gab schon etwas auf einen alten, verbrauchten Mann, der sich in einer verwahrlosten Wohnung erschossen hatte. Und plötzlich hallten die Worte in meinen Ohren, die Dixon mir vor einer Woche höhnisch an den Kopf geworfen hatte: »Du bist eine graue Maus. Deshalb hat sie mich vorgezogen. Du hast keinen Mumm, kein Rückgrat. Alles, was je aus dir herauskommt, ist ein jämmerliches Piepsen.«

Ich schloß die Augen, dann öffnete ich sie wieder und starrte die Leiche an. Dann starrte ich den Abschiedsbrief an. Und ich wußte, was ich tun würde.

Ich nahm den Brief und steckte ihn in meine Tasche. Ich kniete mich neben die Leiche und griff in die Hüfttasche. Ich zog die Brieftasche hervor und nahm das Geld heraus. Es waren fünf Zwanziger, ein Zehner, drei Fünfer und ein paar Dollarscheine. Ich legte das Geld auf den Schreibtisch. Mit dem Taschentuch rieb ich die Brieftasche sorgfältig ab und schob sie unter die Leiche.

Mit dem Taschentuch packte ich die Weinflasche und warf sie so fest ich konnte gegen die Wand neben der Tür. Sie zerbrach, und ihr Inhalt hinterließ einen Fleck auf der Tapete. Die Scherben fielen vor die Tür.

Ich zog eine Schreibtischschublade heraus und warf einen Stuhl um. Ich nahm die Waffe aus der Hand des Toten, wischte sie ab und legte sie neben die Hand auf den Boden.

Ich steckte das Geld ein, verließ das Zimmer und zog die Tür hinter mir zu. Ich ging in meine Wohnung, betrat Dixons schlampiges Schlafzimmer und öffnete seinen Schrank. Ich rieb die Geldscheine ab, um meine Fingerabdrücke zu verwischen, und steckte sie in einen der braunen Schuhe, die er noch nie getragen hatte. Dann schob ich das Taschentuch in meine Tasche zurück.

Danach verließ ich die Wohnung, ging durch den Gang zur Haustür und hinaus. Die Tür ließ ich hinter mir zufallen. Das Schloß schnappte automatisch ein. Mrs. Loft hatte es anbringen lassen, weil sie Angst vor Einbrechern hatte und das Haus abends oft leer war. Die Haustür war immer abgesperrt. Man brauchte einen Schlüssel, um das Haus betreten zu können.

Ich wanderte durch die Straßen, überdachte alles noch einmal, überlegte, ob ich einen Fehler gemacht hatte.

Was ich getan hatte reichte aus, damit die Polizei es nicht als Selbstmord behandeln konnte. Schon deshalb nicht, weil auf der Waffe keine Fingerabdrücke waren.

Die Polizei würde annehmen, daß jemand Hoopers Zimmer betreten hatte in der Annahme, er sei nicht zu Hause, um zu sehen, was es zu stehlen gab. Hooper hatte die Flasche nach dem Eindringling geworfen, und es war zu einem Handgemenge gekommen. Hooper hatte die Pistole aus der Schublade gerissen, der Mörder hatte sie ihm abgenommen und ihn erschossen. Dann hatte der Mörder Hoopers Brieftasche durchsucht, das Geld herausgenommen, die Brieftasche unter die Leiche geschoben, seine Fingerabdrücke von der Waffe gewischt und sie neben Hoopers Hand gelegt.

Die Polizei würde Fragen stellen. Man würde feststellen, daß man nur mit Schlüsseln ins Haus gelangte und daß der Student immer erst spät nachts heimkam. Sie würden Mrs. Loft nicht verdächtigen. Eine Frau kann zwar morden, selbst eine nette

Dame wie Mrs. Loft, aber warum sollte sie? Für ein paar lächerliche Dollar? Auf jeden Fall war sie schon deshalb außer Verdacht, weil sie um sechs Uhr mit ihrer Arbeit angefangen hatte.

Damit blieben nur Dixon und ich übrig.

Was konnten sie über uns feststellen? Daß ich ruhig, ordentlich und friedlich war und genug Geld auf der Bank hatte, daß ich meine Arbeit gewissenhaft verrichtete, nie fehlte, nie betrunken war und überhaupt ein geregeltes Leben führte.

Und sie würden feststellen, daß Dixon von der Schule geflogen war, daß er sich in Bars und Spielhöllen herumtrieb, daß er rücksichtslos war und in seiner Jugend schlimme Sachen angestellt hatte, daß er es nie lange in einer Stellung aushielt, oft pleite war und sich Geld pumpen mußte.

Ein Selbstmord, der kein Selbstmord sein konnte; eine leere Brieftasche unter der Leiche; und bei der Durchsuchung unserer Wohnung würden sie in Dixons Schuh ein Bündel Geldscheine finden.

Dixon würde sagen, daß er die Wohnung vor sieben Uhr verlassen, sich ein Taxi zu Rosalies Wohnung genommen und die Nacht bei ihr verbracht hätte. Und sie würde seine Aussage bestätigen. Natürlich. Das Mädchen, bei dem er seine Nächte verbrachte, bestätigte sein Alibi. Wer würde ihr schon glauben.

Was war mit der Todeszeit? Konnte er andere Zeugen für seinen Aufenthalt um Viertel nach sieben haben, dem Zeitpunkt, an dem Hooper gestorben war? Konnte jemand außer Rosalie ihn zu dieser Zeit gesehen haben?

Möglich. Vielleicht war er noch in einer Bar gewesen. Aber die Polizei würde die Todeszeit nicht auf die Minute genau festlegen können. Die Leiche würde frühestens morgen gefunden werden. Die Obduktion würde höchstens die ungefähre Zeit bestimmen lassen. Aber ich wußte, wie Dixon seine freien Tage verbrachte. Er blieb bis in den Nachmittag im Bett, dann lungerte er herum, trank Bier und sah fern. Rosalie hatte erst um sieben Uhr Feierabend. Er holte sie entweder ab oder ging gleich in ihre Wohnung. Es spielte keine Rolle, ob jemand ihn danach noch sah. Die Polizei würde denken, daß er, kurz bevor er unser Haus verließ, in Hoopers Zimmer gegangen war in der Annahme,

Hooper sei nicht da. Hooper war aber dagewesen, es war zu einem Kampf gekommen, Dixon hatte ihn erschossen und dann ausgeraubt.

Warum hatte Dixon versucht, auf so dumme Art einen Selbstmord vorzutäuschen? Warum hatte er die Waffe abgewischt und neben die Leiche gelegt, anstatt sie dem Toten in die Hand zu drücken? Warum hatte er die zerbrochene Flasche liegenlassen, die doch der beste Hinweis darauf war, daß ein Fremder im Zimmer gewesen sein mußte? Warum hatte er die leere Brieftasche unter die Leiche geschoben, anstatt sie in Hoopers Tasche zu stecken? Warum hatte er so viele Fehler begangen?

Weil er eben Dixon war. Es war dumm, alles so zurückzulassen, und er hatte es getan, weil er eben dumm war. Er konnte nicht denken. Er konnte nicht planen. Er war nicht wie ich.

Ich zog Hoopers Abschiedsbrief aus der Tasche. Ich dachte, jetzt habe ich etwas Entscheidendes getan, jetzt bin ich hart und entschlossen, aber wird diese Stimmung andauern? Wird nicht schon morgen alles anders aussehen? Was, wenn Dixon verhaftet wird? Werde ich mich schuldig fühlen? Werde ich weich werden? Werde ich wieder wie eine ängstliche Maus handeln und der Polizei den Brief geben?

Langsam, während ich durch Straßen schlenderte, zerriß ich den Brief in Streifen, die Streifen in Schnipsel, und ließ sie durch meine Finger rieseln. Der Wind wehte sie fort.

Ich stand vor einem Kino. Ich würde der Polizei sagen, daß ich den Abend im Kino verbracht hatte. »Ich kam gegen sieben Uhr heim, trank eine Cola, ging ein bißchen spazieren und dann ins Kino.« Daran war nichts Ungewöhnliches. Ich ging ziemlich oft ins Kino.

Es war kein guter Film. Zuviel schmutziges Gerede – heutzutage sind die meisten Filme so schmutzig. Alles ist heute so schmutzig.

Ich ging nach Hause. Eigentlich sollte man nachts nicht mehr durch die Straßen gehen, aber ich war kein bißchen nervös oder ängstlich. Mrs. Lofts altes Auto stand vor dem Haus. Sie war von der Arbeit zurück.

Der Student war auch daheim. In seinem Zimmer brannte Licht.

Ich schloß die Eingangstür auf und ging in meine Wohnung.

Dixon war nicht da. Nein, er lag jetzt bestimmt in Rosalies Armen. Er würde die ganze Nacht nicht heimkommen. Ich ging ins Bett und träumte von Hooper. Sein Kopf lag in einer Blutlache, seine Augen starrten leer zur Decke, und in der Hand hielt er eine Pistole ohne Fingerabdrücke.

Am nächsten Morgen, als ich zur Arbeit ging, war Dixon immer noch nicht zurück. Wahrscheinlich war er gleich von Rosalies Wohnung aus zur Arbeit gegangen.

Ich hatte um fünf Uhr Feierabend und ging gleich nach Hause, weil ich dachte, daß sie inzwischen die Leiche gefunden haben würden.

So war es auch.

In der Nähe des Hauses stand ein Polizeiauto. Ich ging zum Haus und schloß die Tür auf. Zwei große Männer kamen aus Mrs. Lofts Wohnung, als ich gerade den Gang entlangging. Sie mußten meine Ankunft vom Fenster aus beobachtet haben.

Mrs. Loft stand in ihrer Tür. Ich lächelte und nickte ihr zu. Sie sah mich mit einem merkwürdigen, verängstigten Blick an.

Die beiden Männer trugen Zivil, aber ich wußte, daß es Polizisten waren. Sie hatten harte, wachsame Augen. Einer von ihnen sagte: »Herbert Phipps?« Er zog eine Brieftasche und klappte sie auf, so daß ich die Dienstmarke sehen konnte.

Er sagte: »Wir möchten gern mit Ihnen sprechen.«

»Was ist denn los?«

»Können wir in Ihre Wohnung gehen?«

Ich öffnete die Tür und schloß sie hinter ihnen. Ich sah sofort, daß die Wohnung durchsucht worden war. Die Tür von Dixons Zimmer stand halb offen, ein paar Schubladen waren herausgezogen. Kissen und Zeitschriften lagen nicht mehr an derselben Stelle wie morgens.

Ich sagte: »Haben Sie die Wohnung durchsucht?«

»Ja. Ihre Vermieterin hat uns eingelassen. Wir haben in einem Schuh in diesem Zimmer eine Menge Geld gefunden.«

»Das ist nicht mein Zimmer. Es gehört meinem Untermieter.«

»Wissen wir. Die Vermieterin hat es uns erzählt. Sie mochten diesen Dixon nicht, nicht wahr? Er hat Ihnen das Mädchen weggeschnappt. Wollten Sie ihn deshalb reinlegen?«

»Reinlegen? Wieso denn –« Dann erst fiel mir auf, was er noch gesagt hatte. »Warum sagen Sie *mochten*?«

»Dixon ist tot.«

Ich starrte ihn an. »Tot?«

»Erschossen. In einer Wohnung in der Stadt, im Bett mit Ihrer früheren Freundin, Rosalie Castian. Auch sie ist tot.«

»*Tot?* Rosalie *tot*?« Das konnte doch nicht wahr sein! Ich glaubte ihm kein Wort.

»Ein Mann kam in die Wohnung und fand die beiden im Bett. Er hat sie beide erschossen.«

Wahrscheinlich muß ich wie ein Wahnsinniger ausgesehen haben. Sie standen da und sahen mich an, die Gesichter ohne Ausdruck, mit Augen, die nichts verrieten.

Nach einer Weile sagte einer der beiden: »Vielleicht setzen Sie sich lieber.«

Ich ging zur Couch und setzte mich. Ich sagte: »Glauben Sie etwa, daß ich sie erschossen habe?«

»Nein. Es war ein anderer ehemaliger Freund von ihr, der einen Schlüssel zur Wohnung hatte. Er lebte früher mit ihr zusammen. Er heißt Speller. Wahrscheinlich kannten Sie ihn nicht. Er war die letzten drei Monate im Gefängnis. Er hatte eine Pistole. Er ging in die Wohnung, fand die beiden im Bett und erschoß sie. Dann blieb er dort und betrank sich. Heute morgen hat er uns angerufen. Er ist schon im Gefängnis.«

Tot, dachte ich. Beide tot. Rosalie und Dixon sind tot. Ich dachte an Rosalie, an das, was sie mir bedeutet hatte, ehe sie Dixon kennenlernte.

Ich dachte, was ist das bloß? Was ist bloß mit den Frauen los? Was ist es bloß?

Ich hätte am liebsten geweint. Aber ich tat es nicht. »Und dann sind Sie hierher gekommen«, sagte ich.

»Ja, in seiner Brieftasche fanden wir die Adresse seiner Arbeitsstelle, und dort sagte man uns, daß er hier wohnt.«

»Warum haben Sie die Wohnung durchsucht? Was haben Sie gesucht?«

»Wir kamen hierher, um festzustellen, ob er Verwandte hat,

die benachrichtigt werden müssen, aber als wir ankamen, hatte die Vermieterin gerade die Polizei angerufen. Weil sie oben einen Toten gefunden hat.«

»Einen Toten? Hier?«

»Genau. Und seine leere Brieftasche lag unter ihm. Das wußten Sie vermutlich nicht.«

»Natürlich wußte ich das nicht. Ich habe den ganzen Tag gearbeitet.«

»Wir haben Geld gefunden. Es könnte dem Toten gehören. Also glauben wir, daß Sie ihn vielleicht ermordet haben.«

»*Ich*?«

»Ja, Sie. Es sollte wie Selbstmord aussehen, aber es war keiner. Auf der Waffe sind keine Fingerabdrücke zu finden. Nachdem wir alles gründlich überprüft haben, scheinen nur Sie als Verdächtiger in Frage zu kommen.«

»Aber –« Ich sprang auf. Meine Beine zitterten, und mein Gesicht fühlte sich an wie zu Stein erstarrt. »Das ist Dixons Zimmer. Er muß den Mann umgebracht haben, bevor er zu Rosalie ging.«

»Das würde keinen Sinn ergeben.«

»Wieso nicht? Wann wurde er umgebracht?«

»Heute nacht gegen zwei Uhr.«

»Aber der Mord hier fand viel früher statt.«

»Tatsächlich? Woher wissen Sie das? Sagen Sie uns doch – wann fand der Mord hier im Haus statt?«

Ich schrie: »Ich weiß es nicht! Ich sage nur, daß *ich* niemanden umgebracht habe. Wenn ein Mörder in diese Wohnung kam und Geld in Dixons Schuh steckte, dann war es Dixon selbst und kein anderer.«

Der andere Mann sagte: »Sie haben übrigens recht. Nicht in bezug auf Dixon, sondern in Bezug auf die Todeszeit. Der Mann starb wahrscheinlich zwischen sechs und acht Uhr gestern abend.«

»Und Dixon war gestern zu Hause. Er hatte sich den Tag freigenommen. Ich habe ihn gestern morgen kurz gesehen, und er sagte, er würde sich freinehmen. Ich kam gegen sieben Uhr nach Hause, da war er schon weg. Er hatte sich mit Rosalie zum Essen verabredet. Ich trank eine Cola und ging ins Kino. Er muß hinaufgegangen sein und den Mann umgebracht haben, bevor er das Haus verließ.«

»Nein«, sagte der eine Beamte. »Das ergibt keinen Sinn.«

Ich starrte ihn an. »Weshalb nicht?«

Der andere klappte sein Notizbuch auf. »Wir haben alle seine Bewegungen von gestern abend überprüft. Er ging zuerst in ein Spirituosengeschäft, in dem er bekannt ist. Das war gegen halb sieben. Er ließ sich einen Liter guten Bourbon geben und wollte anschreiben lassen. Kein Glück. Er suchte in seinen Taschen herum, fand nur ein paar Dollar und ließ sich schließlich eine billigere Marke geben.«

»Und was beweist das?«

»Anschließend tauchte er in einer Bar etwa sechs Blocks von hier entfernt auf und versuchte, sich von ein paar Leuten, die er dort kannte, Geld fürs Taxi zu leihen. Wieder hatte er kein Glück. Er rief im Restaurant an, wo Ihre Freundin – Ihre Exfreundin – arbeitet. Sie war schon heim gegangen. Wir haben mit ihrem Chef und den anderen Kellnerinnen geredet. Sie erzählten uns übrigens auch von Ihnen. Er verließ die Bar. In dieser Straße gibt es keine Bushaltestelle, und abgesehen davon fanden wir nur vierzehn Cents bei ihm – nicht genug für eine Busfahrkarte. Also ist er zu Fuß gegangen. Ein Mann, der im gleichen Stock wohnt wie Rosalie, sah ihn gegen halb acht Uhr an ihre Tür klopfen, und er sagte, Dixon habe müde und verschwitzt und wütend ausgesehen. Können Sie mir folgen, Phipps?«

»Ja«, sagte ich, »ich kann Ihnen folgen.«

»Zwei Meilen, Phipps«, sagte der erste Beamte. »Er ging zwei Meilen weit zu Fuß. So weit ist es nämlich von hier bis zum Haus des Mädchens. Und er kam dort an mit einer Flasche billigen Fusels. Paßt gar nicht zu ihm, nicht wahr? Nach dem Eindruck, den wir über ihn gewonnen haben, spielte er gern den großen Mann mit Geld in Hülle und Fülle – und er, ausgerechnet er, erscheint zu einer Verabredung erschöpft und verschwitzt vom Laufen, mit billigem Fusel. Es ergibt einfach keinen Sinn. Zumal er angeblich gerade eine Menge Geld in der Wohnung versteckt hatte, nur zwei Blocks entfernt von dem Spirituosenladen, wo er feststellte, daß er knapp bei Kasse war.«

Ich sagte nichts. Einer der beiden trat auf mich zu. »Gehen wir, Phipps.« Und er leierte herunter, was sie einem über Rechte und so erzählen müssen.

Sie schoben mich zur Tür. Ich sagte: »Ich war es nicht. Niemand war es. Es war Selbstmord. Es war wirklich Selbstmord. Ich hörte den Schuß, ging hinauf und fand den Abschiedsbrief auf dem Schreibtisch.«

»Auf dem Schreibtisch lag kein Abschiedsbrief.« Inzwischen befanden wir uns im Gang. Mrs. Loft stand immer noch in ihrer Tür und starrte mich an.

»Es war kein Abschiedsbrief da. Ich habe ihn genommen und zerrissen, weil ich wollte, daß es wie Mord aussah, weil ich wollte, daß es so aussah, als hätte Dixon ihn umgebracht. Deshalb habe ich das Geld in seinen Schuh gesteckt. Aber ich habe ihn nicht umgebracht. Warum sollte ich? Ich habe über zweitausend Dollar auf der Bank. Warum sollte ich in sein Zimmer gehen, ihn umbringen und ausrauben? Nur um Dixon etwas anzuhängen? Finden Sie das nicht übertrieben?«

»Es klingt ebenfalls nicht sehr sinnvoll, aber das müssen wir ja nicht unbedingt hier und jetzt klären. Wir nehmen Sie jetzt mit, und den Rest erledigen wir später.«

Es kam nicht zur Gerichtsverhandlung. Wie ich von Anfang an gesagt hatte, gab es keinen Grund, weshalb ich Hooper hätte umbringen sollen. Schließlich glaubten sie mir und meiner Version des Vorfalls. Aber eine Menge Ärzte stellte mir eine Menge Fragen über meine Kindheit und über meine Gedanken. Schließlich schickten sie mich hierher.

Das war vor acht Monaten. Ich gehöre nicht hierher, Doktor. Ich bin nicht verrückt. Es ist nur, daß alles so schmutzig und merkwürdig zu sein scheint und daß man sich nicht mehr auf die Werte verlassen kann, an die man geglaubt hat. Man kann sich nicht mehr auf die Menschen verlassen. Man kann sich nicht mehr auf die Frauen verlassen. Sie lächeln einen an und sagen freundliche Worte, aber insgeheim lachen sie über einen. Man versteht sie nicht. Sie verraten und betrügen einen. Sie sind wie eine andere Spezies.

Meine Mutter war nicht so. Aber wie findet man eine Frau wie meine Mutter?

Sie hatte recht. Sie hatte immer recht. Ich erinnere mich, daß sie einmal zu mir sagte: »Ein billiges Flittchen hat schon so manchen guten jungen Mann ruiniert.« Sie war ein prächtiger Mensch, meine Mutter.

Originaltitel: MOUSE. 3/78

Ernest Savage

Tapetenwechsel

Als sie ihn fragte, wo er mit dem Koffer hinwollte, sagte er, er fahre für ein paar Tage zu Besuch zu einem alten Freund aus seiner Militärzeit. Aber statt dessen lenkte er den Datsun-Kombi zu einer kleinen Stadt, die er auf der Karte gefunden hatte und die ihm gerade passend erschien. Klein genug und weit genug entfernt. Sie hieß Mountain Meadows, und als er die Teerstraße entlangfuhr, die aus dem Tal in die Berge führte, wußte er bereits, daß die kleine Stadt ihm gefallen würde. Sie lag achthundert Meter über dem Meer, also so hoch, daß es dort vier Jahreszeiten geben würde, und er würde Äpfel anbauen können, was er sich schon immer gewünscht hatte. An der Küste gab es nur ein und dieselbe Jahreszeit das ganze Jahr hindurch, und da ist nicht viel, was man damit anfangen kann.

Die Grundstücksmaklerin, die er in Mountain Meadows aufsuchte, war freundlich und tüchtig. Er sagte ihr, was er suchte und wieviel er dafür ausgeben konnte, und schon das dritte Haus, das sie ihm zeigte, entsprach ganz seinem Geschmack. Noch am gleichen Nachmittag nahmen sie im Grundbuchamt in der Hauptstraße die Überschreibung vor.

Er zahlte den vollen Kaufpreis mit dem Bankscheck, den er mitgebracht hatte, und der Beamte im Grundbuchamt sagte, wenn er wolle, könne die Überschreibung in weniger als drei Wochen abgewickelt werden. Er sagte, drei Wochen seien ihm recht, und als man ihn fragte, auf welchen Namen das Grundstück eingetragen werden sollte, sagte er, unter Walter A. Jenkins, Witwer.

Das überraschte die Maklerin nicht. Sie hatte Mr. Jenkins auf den ersten Blick für einen Witwer gehalten. Sechsundsechzig Jahre alt, knochig wie eine ausgehungerte Ratte und vom Leben ausgezehrt und ausgemergelt. Sie war der Meinung, daß seine Frau vor noch nicht allzu langer Zeit gestorben war, aber sie fragte ihn nicht danach. Sie mochte ihn, glaubte aber nicht, daß er es noch lange machen würde. Vielleicht ein Jahr, dann würde das Grundstück wieder auf dem Markt sein. Sie hatte so etwas schon öfter erlebt. Viele Leute kamen nach Mountain Meadows, um hier ihren Lebensabend zu verbringen, aber es gelang ihnen nicht, im neuen Boden Wurzeln zu schlagen, und meist starben sie nach kurzer Zeit. Sie hatte eine gute Nase für zukünftige Geschäfte, und jetzt roch sie eins. Trotzdem mochte sie ihn irgendwie gern. In seinen Augen lag so etwas Geheimnisvolles.

Er verbrachte die Nacht in einem Hotel, und als erstes am nächsten Morgen ging er zu seinem neuen Haus und sah sich alles genau an. Er hatte gut gekauft, konnte er auch jetzt noch sagen. Zum Haus gehörten ein großer Garten, umgeben von einem intakten Zaun, der die Rehe davon abhalten würde, seine neuen Pflanzen zu fressen, und eine geräumige Garage, die er auch als Arbeitsraum benutzen konnte. Das Haus selbst war klein und behäbig, und die Möbel darin in gutem Zustand, wenn man bedachte, daß es sechs Monate lang leergestanden hatte. Er hatte das Haus »wie gesehen« gekauft und war sehr zufrieden damit, auch wenn eine Menge Reparaturen fällig waren. Dann hatte er wenigstens etwas zu tun.

Als sie ihn drei Wochen später wieder fragte, wohin er mit dem Koffer wolle, sagte er, er wolle denselben Freund noch einmal besuchen. Dieses Mal würde er vier Tage wegbleiben.

Es war seine zweite Fahrt nach Mountain Meadows, und als erstes hielt er vor dem Grundbuchamt an und ließ sich seine Besitzerurkunde und die Schlüssel geben. Dann fuhr er zur Bank, eröffnete ein Konto mit fünfhundert Dollar in bar und mietete sich ein Schließfach für die Besitzurkunde. Dann ging er zu den Stadtwerken, meldete sein Haus an und bat darum, schon am nächsten Tag alle Versorgungsleitungen anzuschließen. Anschließend kaufte er in einer Gärtnerei alle möglichen Gartengeräte und ein paar Ballen Torf und unterhielt sich mit dem Mann darüber, wie der Boden hier am besten zu behandeln sei. Alle waren nett und freundlich, und überrascht stellte er fest, das er lächelte, zum erstenmal, wie es ihm vorkam, seit Jahren.

Es war noch etwa eine Stunde lang hell, als er auf seinem Grundstück ankam. Er brachte seine Einkäufe in die Garage, öffnete alle Fenster im Haus, um frische Luft hereinzulassen, und sah sich dann in aller Ruhe um. Er spürte, wie eine tiefe

Freude langsam in ihm aufstieg. Am meisten gefiel ihm, wieviel Platz er hier hatte. Wenn man erst einmal dreißig Jahre lang in einer Wohnung im dritten Stock gelebt hatte, verlor man jeden Sinn für Platz und Raum.

Es gab nur zwei Nachbarn, die man durch die hohen Kiefern und Eichen sehen konnte, und auch das gefiel ihm. Auf der anderen Seite der frisch geteerten Straße stand ein kleines, frisch gestrichenes Haus mit Obstbäumen dahinter, und nach links angrenzend an sein Grundstück konnte man ein Haus fast genau wie seines sehen, fast ebenso groß und verwittert. Er mußte Farbe kaufen und mit dem Anstreichen anfangen, dachte er, sobald er mit dem Garten und dem Pflanzen der Bäume fertig war. Schon jetzt rührte sich Besitzerstolz in seinem Blut. Rechts wuchsen nur Kiefern und Eichen, aber er erinnerte sich, daß er beim Vorbeifahren ein großes, altes Haus erspäht hatte, das tief unter den Bäumen verborgen war, und auch das gefiel ihm. Er hatte das Gefühl, daß er viel nachzuholen hatte, daß er noch viel Glück erleben würde, und hier war sicher der richtige Ort dafür.

Im letzten Licht des Tages schritt er sein Grundstück ab, überlegte, wo er die Bäume pflanzen sollte – Kirschen, Pfirsiche und Äpfel, die für kühles Wetter gut geeignet waren – und dann sah er seinen Nachbarn zur Linken, einen Mann etwa seines Alters. Er stand hinter dem Haus und hielt, soweit er das im Dämmerlicht feststellen konnte, eine Dose Bier in der Hand. Sie sahen sich einen Augenblick lang an, dann schien der Mann sein Bier grüßend zu heben, und Walter hob die rechte Hand zu einem schüchternen Antwortgruß.

Wieder verbrachte Walter die Nacht im Hotel, und sobald die Geschäfte am nächsten Morgen öffneten, kaufte er einen angemessenen Vorrat an Lebensmitteln ein, zwei Ballen Torf und einen dreißig Meter langen Schlauch.

Als er nach Hause kam – schon jetzt betrachtete er es als sein Zuhause – lief das Wasser, und die Männer vom Gas- und Elektrizitätswerk warteten auf ihn. Als sie weg waren, markierte Walter die Stellen, an denen er seine Bäume pflanzen wollte, und legte den zukünftigen Gemüsegarten nach einem Plan an, den der Mann aus der Gärtnerei ihm gegeben hatte. Und dann, nach dem Essen, fing er an zu graben. Er arbeitete den ganzen

Nachmittag über, bis es langsam dunkel wurde.

Er hatte sich übernommen. Sein Rücken schmerzte, seine Hände waren voller Blasen, und als er sich aufrichtete, tanzten Punkte vor seinen Augen. Er stöhnte und sah und hörte seinen Nachbarn am Zaun erst, als dieser sagte:

»Wie wäre es mit einem kalten Bier?« Er hatte in jeder Hand eine Dose, und Walter humpelte zu ihm. Die kalte Bierbüchse fühlte sich in seiner geschundenen Hand wie ein Labsal an, und noch besser wurde ihm, als das Bier durch seine Kehle lief.

»Danke«, sagte er. »Das ist genau das, was ich jetzt gebraucht habe.«

»Sie sehen ganz schön mitgenommen aus.« Der Mann streckte die Hand über den Zaun, und Walter ergriff sie, wobei er vor Schmerzen zusammenzuckte.

»Ich heiße Charlie Wells.«

»Und ich Walter Jenkins«, sagte Walter.

»Sind Sie allein, Walter, oder verheiratet.«

»Allein«, sagte Walter. »Sind Sie verheiratet?«

»Das kann man wohl sagen«, entgegnete Charlie, und Walter bemerkte sofort den vertrauten Tonfall – bitter, enttäuscht.

Einen Augenblick lang sahen sie sich nur an, erkannten einander als Leidgenossen, und dann sagte Charlie: »Kinder?«

»Nein«, sagte Walter. »Und Sie?«

»Leider nein. Sie wollte keine – meine Frau. Sie sagte, Kinder machten nur Arbeit, und wahrscheinlich stimmt das auch die meiste Zeit, aber ich wäre wirklich froh, ich hätte ein paar Enkelkinder, die mich hier besuchen würden. Für Kinder ist es hier einfach herrlich.«

»Oh, ja«, sagte Walter, der das gleiche auch schon gedacht hatte. »Für Kinder und Hunde. Ich glaube, daß ich mir bald einen Hund anschaffen werde.«

»Haben Sie das Haus gekauft, Walter?«

»Ja, vor kurzem. In einer Woche oder so werde ich endgültig hierherziehen.«

»Von wo kommen Sie denn?«

»Aus – aus San Francisco.« Das hatte er eigentlich niemandem sagen wollen, und es war ihm auch nur herausgeschlüpft, weil er so verdammt müde war. Er hatte das Gefühl, auf der Stelle einschlafen zu können.

»Wir sind aus Sacramento«, sagte Charlie. »Maude und ich. Ich wurde vor sechs Monaten pensioniert, und wir sind zunächst auf Probe hierhergezogen. Maude sagt, man kann frühestens nach einem oder zwei Jahren difinitiv sagen, ob es einem gefällt, aber ich meine, in unserem Alter darf man nicht mehr in solchen Zeiträumen denken. Wir haben das Haus nur gemietet, was meiner Meinung nach die reinste Geldverschwendung ist.« Charlie fand, daß Jenkins ziemlich schlecht aussah, aber er wußte, daß er selbst auch nicht viel besser dran war. Sie waren zwei abgewirtschaftete Männer in einem Alter, das man normalerweise als die goldene Zeit des Lebens bezeichnete, dachte er. Und laut sagte er: »Ich gehe jetzt lieber wieder hinein, sonst fängt Maude gleich an, nach mir zu brüllen. Sie möchte mich am liebsten immer in der Nähe haben. Es war nett, Sie kennenzulernen, Walter. Bis demnächst.«

»Danke fürs Bier«, sagte Walter.

An diesem Abend nahm er ein langes, heißes Bad und hielt sich selbst eine Strafpredigt. Er hatte sich übernommen, war zu müde gewesen und hätte fast gesagt: »*Wir* ziehen hierher« anstatt *ich*. Sein Problem war, daß er so verdammt lange mit niemandem mehr geredet hatte – praktisch seit er vor einem Jahr aufgehört hatte zu arbeiten –, daß er gar nicht mehr richtig wußte, wie man das anstellte. Auf jeden Fall fühlte er sich großartig, als er in dem heißen Wasser saß und an seine Bäume und die herrliche Zukunft dachte, die vor ihm lag. Wenn je ein Mann sein Schicksal fest in die eigenen Hände genommen hatte, dann war er das. Der arme Wells, dachte er mit ein bißchen Schadenfreude. Der Plan war so einfach, wenn man es richtig überlegte, wenn man den Mut hatte, es zu tun, und vor allem, wenn die Umstände es erlaubten. Vielleicht taten sie das in Wells' Fall nicht.

Am nächsten Morgen war er erst um zehn Uhr im Garten, und es ging fast über seine Kräfte, den Spaten in die Hand zu nehmen und weiterzugraben. Aber es war eine Arbeit, die getan werden mußte, und zwar so schnell wie möglich.

»Sieht aus wie ein Grab«, sagte Wells eine halbe Stunde

später. Walter hatte nicht bemerkt, daß er an den Zaun gekommen war, und zuckte zusammen. Er betrachtete das Loch, an dem er gearbeitet hatte, mit kritischen Blicken und dachte: Mein Gott, es sieht tatsächlich aus wie ein Grab.

»Ist es aber nicht«, sagte er laut. »Es handelt sich um die sogenannte biodynamische Intensivmethode zur Gartenbebauung. Ich habe eine Broschüre, in der alles genau beschrieben wird. Die Methode wurde in Stanford entwickelt, glaube ich.« Immer mit der Ruhe, beschwor er sich selbst und fuhr fort: »Man muß einfach zwei Spatenstiche tief graben, statt nur einen, bloß gehe ich vier in die Tiefe, weil der Mann in der Gärtnerei gesagt hat, daß der Boden hier so porös ist und das Wasser versickert, wenn die Torfschicht nicht dick genug ist. Dann –« Redete er etwa zu langatmig darüber? »Dann füllt man die oberste Erdschicht unten ein und umgekehrt und versetzt alles mit Torf. Auf diese Weise –«

»In Sacramanto hatten wir auch einen Garten«, sagte Wells. »Aber Maude meint, warum sollen wir hier damit anfangen, wenn wir noch gar nicht wissen, ob es uns hier gefallen wird. Sie läßt mich noch nicht mal ein paar Tomaten pflanzen.«

Unter der Bitterkeit lag Sehnsucht in Wells Stimme, und Walter seufzte erleichtert auf. Es gab so verdammt viele Dinge, auf die man achten mußte, daß man fast gar nicht wußte, wo man anfangen sollte. Er betrachtete erneut das Loch und entschied, daß es keineswegs wie ein Grab aussah. Es war einfach ein großes, unregelmäßiges Loch im Boden, und Wells hatte das nur gesagt, um einen Einstieg in die Unterhaltung zu haben. Oder vielleicht hatte Wells auch geheime Gedanken über Gräber?

»Was wollen Sie denn pflanzen?« fragte Wells.

»Also, hierher kommt ein Kirschbaum. Und ein Apfelbaum, ein Pfirsich, eine Birne, Aprikosen, und drüben vielleicht ein Mandelbäumchen.«

»Besorgen Sie sich Zwerggrößen«, sagte Wells. »Würde ich auf jeden Fall tun. Dann kann man problemlos ein Netz drüberwerfen, bevor das Obst reif ist. Hält die Vögel ab.«

»Eine gute Idee, Charlie. Vielen Dank.« Sie lächelten einander an, und Walter dachte: Er könnte ein Freund werden. Der erste, seit ich mit der Arbeit aufgehört habe. Nicht, daß er wirklich einen gebraucht hätte. Er wollte nur seinen Frieden. Aber trotzdem, ein Freund war ein Freund.

Er machte sich wieder an die Arbeit, und Charlie schlenderte zum Haus zurück. Kurz vor Mittag kam eine Frau, die sich als Miss Hanley vorstellte, mit einem Pfirsichkuchen in der Hand über die Straße. Sie sagte, daß sie gegenüber wohne, hieß ihn in der Nachbarschaft willkommen und überreichte ihm den Kuchen. Er war mit einem Küchentuch zugedeckt.

»Das Tuch will ich wieder zurückhaben«, sagte sie, »und auch die Kuchenform, aber kein einziges Stück vom Kuchen, Mr. Jenkins. Stella sagte, daß Sie aufgepäppelt werden müssen, und Stella hat völlig recht.«

»Wer ist Stella?« Als er den fremden Namen aussprach, wurde er ein bißchen rot, und er fuhr sich mit dem Ärmel über die Stirn.

»Die Grundstücksmaklerin, die Ihnen das Haus verkauft hat«, sagte Miss Hanley. »Sie sagte, Irma und ich müßten uns ein bißchen um Sie kümmern. Irma ist meine Schwester. Wir betrieben gemeinsam fünfundzwanzig Jahre lang ein Restaurant in Stockton, und wenn wir eins können, dann ist es Kochen.«

»Ihr Haus ist richtig schön«, sagte Walter.

»Danke. Wir haben es in diesem Frühjahr neu gestrichen.« Sie drehte sich um und betrachtete es kritisch. »Ja, es sieht wirklich schön aus, nicht wahr?«

»Ich werde meins auch streichen, sobald ich mich ein bißchen eingelebt habe«, sagte Walter. »Weiß, so wie Ihres. Dann ist es im Sommer kühler.«

»Gut, das wird die Gegend ein bißchen aufhellen. Ich möchte zwar nichts gesagt haben«, meinte Miss Hanley und warf einen scharfen Blick auf Charlies Haus, »aber gewisse Leute haben einfach keinen Stolz.«

»Sie wohnen nur zur Miete«, sagte Walter.

»Na und? Sie wohnen trotzdem drin, oder etwa nicht? Wie lange ist sie schon tot?«

»Wer?«

»Ihre Frau. Sie sind Witwer, hat Stella gesagt.«

»Oh, wie lange ist das nun schon her?« Walter blinzelte und nannte eine Zahl, die ihm in den Sinn kam. »Sechs Monate.«

»Vermissen Sie sie?«

»Nun – nach vierzig Jahren.« Langen Jahren, hätte er fast hinzugefügt. Er wünschte, Miss Hanley würde wieder gehen. Er war müde und nervöser, als er es sich vorgestellt hätte. Er hatte überhaupt nicht gedacht, daß er nervös werden könnte.

»Ich«, sagte Miss Hanley, »habe nie geheiratet, und Irma auch nicht, und keine von uns beiden hat es je bereut. Unsere Eltern hatten ständig nur Streit miteinander, und wir hatten von der Ehe schon genug, als wir noch Kinder waren.«

»Tja, manchmal ist es halt so«, sagte Walter.

»Mit Ihrer Frau war es auch so, nicht wahr, Mr. Jenkins?«

»Nun, es hätte besser sein können, das steht fest.« Ein schwaches Lächeln flog über sein Gesicht.

»Morgen«, sagte Miss Hanley, »gibt es Suppe. Irma wird Ihnen einen Topf voll bringen, und ich hoffe, daß Sie auch tatsächlich alles aufessen werden.«

»Ich fahre morgen früh wieder weg«, sagte Walter schnell. Eigentlich hatte er zwar noch einen Tag länger bleiben wollen. »Und den Kuchen –«

»Essen Sie ihn«, sagte Miss Hanley mit fester Stimme, die keinen Widerspruch duldete. »Er wird Ihnen schmecken, und wenn Sie ihn nicht ganz aufessen können, frieren Sie den Rest eben ein. Wann ziehen Sie endgültig hierher?«

»Am nächsten Ersten«, sagte Walter.

»Wir kochen zweimal die Woche Suppe, es wird also welche für Sie da sein, wenn Sie zurückkommen.«

»Ausgezeichnet.«

Sie sah ihn von oben bis unten an und schüttelte den Kopf, als meine sie, er würde es nicht schaffen. »Sie sind nicht gut gefüttert worden«, sagte sie schließlich, und Walter dachte: Das stimmt. Da hat sie völlig recht.

Er sah ihr nach, als sie über die Straße zu ihrem Haus zurückging, eine nicht sonderlich große, aber kräftige Frau, die offensichtlich genau wußte, was sie wollte, mit kurzgeschnittenem graublauem Haar, das ein immer noch hübsches Gesicht einrahmte. In seiner Erleichterung darüber, daß sie gegangen war, stellte er fest, daß sie ihm sehr sympatisch war.

Der Kuchen schmeckte hervorragend, und er aß die Hälfte zu Mittag, mit einem Glas Milch, und den Rest am Abend zum

Kaffee. Er würde das Tuch und die Form vor seiner Abreise am nächsten Morgen zurückbringen.

Es gab nicht viel für ihn zu tun. Alle Nebenkosten waren in der Miete mit enthalten, und das Telefon hatte er schon vor Monaten abgemeldet, als er feststellte, daß es seit seiner Pensionierung nicht mehr benutzt worden war. Er mußte das Sozialamt von seinem Umzug benachrichtigen, damit man ihm den Rentenscheck nachsenden konnte, aber das war kein Problem. Vielleicht sollte er auch bei der Post einen Nachsendeantrag stellen obwohl er eigentlich nie Post bekam, höchstens einmal eine Rechnung oder Werbebroschüren. Er konnte sich schon gar nicht mehr erinnern, wann er den letzten Brief erhalten hatte. Das Bankkonto mußte aufgelöst werden, und bevor er der Stadt für immer den Rücken kehrte, würde er bei der Hausverwaltung vorbeifahren, die Kündigung abgeben und die Miete bis zum Ablauf der Kündigungsfrist zahlen. Er würde den Fernseher mitnehmen, alle Kleidungsstücke und die Koffer und die Kiste, und den Rest konnten sie behalten, wenn sie wollten.

Was sonst noch? Er sorgte sich darüber, daß er etwas vergessen haben könnte, vor allem seit er in Mountain Meadows gewesen war und gesehen hatte, auf wie viele verschiedene Arten sie einen erwischen konnten. Er hatte alles immer und immer wieder durchdacht, hatte die einzelnen Positionen in seinem Kopf abgehakt. Er würde Hilfe brauchen, die Kiste ins Auto zu bringen – das hatte er von Anfang an gewußt –, aber bestimmt konnte er einen Jungen an der Straßenecke bitten. Und falls jemand sie bei der Schlepperei sähe, würde es auch nichts machen. Dreißig Jahre hatten sie in diesem Haus gelebt und kannten keine Menschenseele. Er konnte es kaum glauben. Wir wollen es für ein oder zwei Monate versuchen, hatte sie damals gesagt, und seitdem waren sie in diesem Loch vergraben gewesen. Wenn er seine Arbeit nicht gehabt hätte, wäre er bestimmt schon vor Jahren verrückt geworden.

Und was sonst noch? Nichts, dachte er. Jetzt mußte er es nur noch tun.

Er kam am Dreißigsten, abends um halb elf, in Mountain

Meadows an, einen Tag zu früh. Er hatte Miss Hanley und Charlie Wells gesagt, daß er am Ersten kommen würde, und er war sicher, daß sie ihn auch an diesem Tag erwarten würden, nicht jetzt. Er fuhr in die Garage, schaltete die Scheinwerfer und den Motor aus. Dann blieb er fünf Minuten lang im Dunkeln sitzen, ehe er ausstieg.

Er war nicht nervös, aber er wollte nichts riskieren. Das Haus der Hanley-Schwestern war dunkel, aber er glaubte, durch die Bäume Lichtschein in Charlies Haus sehen zu können. Bei Charlie konnte man nie wissen. Einem Mann mit so einer Frau war durchaus zuzutrauen, daß er nachts im Garten spazieren ging, bloß um nicht in ihrer Nähe sein zu müssen. Dann würde er bestimmt kommen und ihm anbieten, beim Abladen zu helfen, und das ginge einfach nicht. Weitere fünf Minuten lang blieb Walter reglos auf der Veranda stehen, spähte und lauschte.

Der Halbmond schien heller, als er es für möglich gehalten hätte. Sein Licht beleuchtete die Bäume wie in einer Nachteinstellung im Film, wo man in jeder Richtung fast einen Kilometer weit sehen konnte. Damit hatte er nicht gerechnet, was wieder einmal zeigte, wie wenig er eigentlich wußte. Aber es mußte jetzt getan werden, also tat er es. Vom Auto bis zu dem Loch, in das er den Kirschbaum pflanzen würde, waren es nur zehn Meter, und es dauerte kaum mehr als eine Viertelstunde, obwohl er viel zu schaufeln hatte.

Am nächsten Morgen stand er früh auf und fuhr zum Frühstükken in die Stadt. Anschließend ging er in die Gärtnerei. Um zehn Uhr war er mit sechs Bäumen wieder zurück. Es sah aus, als bewege sich ein Park die Straße entlang. Als erstes pflanzte er den Kirschbaum. Als Charlie am Zaun erschien, war er schon mit dem Schlauch bei der Arbeit.

»Sie sind einen Tag zu früh dran«, sagte Charlie.

»Ich hatte in der Stadt nichts mehr zu tun, also bin ich schon gestern losgefahren.«

»Dachte mir doch, daß ich Sie gesehen hätte«, sagte Charlie. »So gegen elf. Kann das stimmen?«

»Ja.« Walters Hand verkrampfte sich um den Schlauch.

»Ist das ein Zwerg?«

»Ja.«

»Sehr klug«, lobte Charlie. »Bevor die Kirschen reif sind, kann man problemlos ein Netz darüberwerfen, und die Vögel fressen einem nicht alles weg.«

»Ich weiß.« Walters Hand entkrampfte sich wieder. Wells sah überhaupt nicht gut aus, dachte er, schlechter als vorher. Seine Haut war ganz grau.

»Wann werden Sie sich den Hund anschaffen, von dem Sie gesprochen haben?«

»Noch nicht so bald, denke ich«, sagte Walter.

»Wenn ich frei wäre wie Sie«, sagte Wells, »würde ich mir sofort einen Hund zulegen. Es gibt nichts besseres als einen Hund.«

»Sind Sie denn nicht frei?«

»Natürlich bin ich nicht frei, bei der Frau, die ich habe. Was für eine Frau hatten Sie denn, Walter?«

»Wahrscheinlich war sie so ähnlich wie Ihre, Charlie.«

»Das dachte ich mir. Ich konnte es fast riechen.«

Am späten Nachmittag kam Irma Hanley vorbei, stellte sich vor und hieß ihn willkommen. Sie hatte einen Topf Suppe mitgebracht und betrachtete ihn von oben bis unten, genau wie ihre Schwester es getan hatte, als gäbe es an ihm noch viel Arbeit zu erledigen. »Bohnen«, sagte sie. »Mit Schinken. Und dick genug, daß man sie mit der Gabel essen könnte. Genau das richtige für einen Mann, der wieder zu Kräften kommen muß, Mr. Jenkins.«

»Danke«, sagte er.

»Ist Ihr Haus schon gereinigt worden?«

»Was?« Wie kam sie denn nur darauf? »Nun, ich –«

»Ich meine nur, wir kennen da eine Frau, die sehr gut ist, und auch nicht allzuviel verlangt für die Stunde. Schließlich ist in Ihrem Haus schon fast ein Jahr lang nicht mehr saubergemacht worden.«

»Nun, ich habe schon angefangen«, sagte Walter und fragte sich, warum sie ihn immer überfielen, wenn er so verdammt müde war. »Und ich kann das ziemlich gut, putzen und so.«

»Die Frau war kränklich, nicht wahr?«

»Nun –« Lieber Gott, dachte er und sagte laut: »Gewissermaßen, ja.«

»Verstarb wann? Vor sechs Monaten?«

Hatte er zu ihrer Schwester gesagt, es wären sechs Monate gewesen? »Ja, so ungefähr«, sagte er.

Sie sah an ihm vorbei auf die Bäume, die schon eingepflanzt waren. »Es ist ein gutes Zeichen, wenn ein Mann Bäume pflanzt«, sagte sie. »Es zeigt, daß er Vertrauen in die Zukunft hat. Essen Sie die Suppe, Mr. Jenkins. Wir kochen sie zweimal die Woche.«

»Ja, ich weiß«, sagte er. »Nochmals vielen Dank.«

Ende August kam Stella Williams, die Grundstücksmaklerin, auf einen kurzen Besuch vorbei. Er war gerade damit fertiggeworden, das Haus anzustreichen – weiß, mit gelben Einfassungen – und es sah aus wie aus dem Bilderbuch. Es würde sich gut verkaufen lassen, überlegte sie, als sie näherkam.

Die Schwestern Hanley hatten ihr gesagt, daß sie Mr. Jenkins nach vier Monaten nicht wiedererkennen würde, und sie hätte ihn tatsächlich fast nicht wiedererkannt. Er war hinter dem Haus und unterhielt sich über den Zaun mit Charlie Wells. Er hatte Charlie gerade einen Sack Mais gegeben und sagte ihm nun, wie er den Mais kochen mußte. »Er darf nur sieden, Charlie, bis er sich vom Kolben löst. Etwa sieben bis acht Minuten.«

»Also, *das* ist eine Überraschung«, sagte Stelle. »Mr. Jenkins, Sie sehen einfach umwerfend aus!«

»Danke«, sagte er. »Ich fühle mich auch so.« Er lächelte sie an.

»Und Ihr Garten«, sagte sie. »Und das Haus. Ich kann es kaum glauben.«

»Das hier«, sagte Walter, »ist mein Nachbar, Charlie Wells. Charlie, das ist Mrs. Williams.« Stella wandte sich Wells zu, der halb hinter dem Maissack versteckt war, und ihr Lächeln verschwand. Der Mann ist ja halbtot, dachte sie

»Wie geht's?« sagte sie und hielt ihm die Hand hin.

»Danke«, sagte Charlie. Er drückte ihr fester als nötig die Hand. Er hatte gesehen, wie ihr Lächeln verschwand, und es ärgerte ihn. Er wußte selbst, wie er aussah.

Er dankte Walter für den Mais, sagte noch, er freue sich, Mrs.

Williams kennengelernt zu haben, und ging wütend weg. Er fühlte sich wie ein Mann, der in einem riesigen Spinnennetz gefangen ist, und er wußte, wenn er sich nicht bald losreißen konnte, würde die Spinne ihn wie eine Fliege aussaugen.

Als sie ihn fragte, wo er mit dem Koffer hinwolle, sagte er, er fahre zu Besuch zu einem alten Freund aus der Militärzeit. Aber er besuchte keinen alten Kumpel. Er fuhr nach San Francisco und stellte einige Nachforschungen an, was er sich schon seit einiger Zeit vorgenommen hatte. Am frühen Abend des nächsten Tages war er wieder zurück, aber er meldete sich erst am nächsten Morgen bei Walter. Er war rasiert, was Walter überraschte, denn er kannte Charlie praktisch nur mit Bartstoppeln.

»Walter«, sagte Charlie. »Ich weiß alles.«

»Was alles?« fragte Walter. Er band gerade eine Tomatenpflanze an, die mehr Frucht angesetzt hatte, als sie tragen konnte. Er richtete sich auf. Er wußte, was jetzt kommen würde.

»Hör zu«, sagte Charlie. »Ich will dir keinen Ärger machen –«

»Dann laß es, Charlie.«

»Ich werde dir auch keinen Ärger machen«, sagte Charlie. »Dir nicht. Aber ich will wissen, wie es passiert ist. Was du gemacht hast.«

»Was?«

»Komm schon, Walter. Ich war vorgestern in San Francisco. Ich habe im Telefonbuch nachgesehen und deine alte Adresse gefunden. Und noch etwas anderes habe ich entdeckt oder besser, herausgefunden. Ich habe festgestellt, daß deine Frau keineswegs vor zehn Monaten gestorben ist. Sie ist überhaupt nicht gestorben.«

»Und wo ist sie dann?«

»Soll ich es dir wirklich sagen?«

»Nein, nein.«

Die beiden alten Männer starrten sich einen Moment lang an, aber es lag keine Feindseligkeit in ihrem Blick, nur zwei verschiedene Arten von Müdigkeit.

»Sag mir, wie es abgelaufen ist«, sagte Charlie ruhig.

Walter seufzte. »Du hättest es tun müssen, als du von Sacramento hierhergezogen bist«, sagte er. »Man muß umziehen, mindestens dreihundert Kilometer weit weg, und sie darf keine Geschwister oder Freunde haben, die sich nach ihr erkundigen könnten. Und es muß eine sehr schlimme Frau sein, Charlie.«

»Ich hab' so eine.«

»Und hast du auch den Mut, es zu tun, Charlie?«

»Das ist alles, was ich noch habe«, sagte Charlie. »Den Mut dazu.«

»Es ist nicht leicht, Charlie. Egal, wie sie auch sein mag.«

»Ich weiß, aber was habe ich schon zu verlieren?«

Du hast mich zu verlieren, dachte Walter, aber er sagte es nicht. Es wird herauskommen, dachte er. Charlie hat es von mir, und jemand anderes wird es von Charlie bekommen, und der dritte oder vierte wird es verpatzen, und sie werden alles aufrollen, bis zurück zu mir. Aber er hatte gewußt, daß es so kommen würde. Er hatte gewußt, daß es nicht von Dauer sein konnte. Zuerst hatte er geglaubt, daß es das perfekte Verbrechen sei, aber schon bald war ihm aufgegangen, daß es so etwas nicht gibt. Und auch nicht geben sollte, dachte er. An einem Tag kauft man etwas, und am nächsten Tag muß man dafür bezahlen. So ist das Leben.

»Du mußt vorsichtig sein«, sagte er. Und grinsend fuhr er fort: »Vielleicht solltest du darauf achten, daß du dich nicht neben einem Typ ansiedelst, der genauso dran ist wie du.«

»Kapiert«, sagte Charlie, und auch er begann zu grinsen, zum erstenmal seit Monaten.

»Und noch etwas«, sagte Walter.

»Was?«

»Achte darauf, wo du deine Bäume pflanzt.«

»Was? Warum?«

»Siehst du den Kirschbaum?«

»Er macht sich nicht sonderlich gut, meinst du das? Ist das die Stelle?«

»Ja, das ist die Stelle.«

»Gift?«

»Ja, Gift.«

»Man muß auf eine ganze Menge achten, nicht wahr?«

»Auf mehr als du denkst«, sagte Walter.

»Soll ich es tun, Walter?«

»Das ist deine Entscheidung.«

Charlie sah durch die Bäume zu seinem Haus hinüber, und das Lächeln auf seinem Gesicht erstarb. Ich habe nichts zu verlieren, dachte er. »Ich glaube, ich werde es tun«, sagte er.

»Ich habe befürchtet, daß du das sagen würdest«, meinte Walter. »Na, dann komm mal mit rein. Ich werde dir erzählen, wie es sich abgespielt hat.«

Ehe er sich dem Haus zuwandte, warf er noch einen langen Blick auf seinen jungen Obstgarten und fragte sich, ob er noch erleben würde, wie die schwachen Ästchen die ersten Früchte trugen.

Originaltitel: YOUR MOVE, CHARLIE. 3/78

Stephen Wasylyk

Keine Angst vor großen Tieren

Die Morgensonne, die den Speisesaal des Seniorenheims Goldenes Alter in helles Licht tauchte, fiel auch auf Morley, der hastig sein Frühstück verzehrte und die Schlagzeilen der Zeitung flüchtig überflog, von denen eine bekanntgab, daß die Frau eines prominenten Geschäftsmannes entführt worden sei, eine Nachricht, die er an jedem anderen Tag mit Interesse gelesen hätte.

Unter lautem Geraschel faltete er die Zeitung zusammen, strich sein buntes Hawaiihemd glatt und fuhr sich mit den Händen durch das buschige graue Haar. »Beeil dich, Bakov«, sagte er zu dem schweren Mann, der ihm am Tisch gegenübersaß. »Wir haben viel zu erledigen, bevor es an der Zeit ist, Miss McIlhenny im Krankenhaus zu besuchen. Kannst du nicht dein Frühstück schneller essen?«

Bakov rührte mit aufreizender Langsamkeit in seinen Haferflocken herum. »Ich habe an die arme Miss McIlhenny gedacht«, sagte er.

»Es besteht kein Grund zur Sorge. Die Ärzte sagen, daß sie bald wieder gesund sein wird.«

»Was wissen denn die Ärzte schon? Können sie dafür sorgen, daß Miss McIlhenny wieder so lacht, wie sie es vor Jahren getan hat? Obwohl sie zweiundachtzig Jahre alt und ganz allein auf der Welt ist, hat Miss McIlhenny ein Recht zu lachen. Ich weiß noch genau, wie es vor der Inflation war, als die Bewohner des Goldenen Alters einen Dollar bezahlten, um mit dem Bus zu interessanten Orten zu fahren, wie zum Beispiel ans Meer oder in die Berge. Miss McIlhenny hat sich über diese Ausflüge mehr gefreut als alle anderen, aber jetzt kostet der Bus fünf Dollar, und viele von uns haben nicht mehr so viel Geld. Das gilt auch für Miss McIlhenny, was der Grund dafür sein mag, daß sie nicht mehr lachen kann. Ich glaube, wenn Miss McIlhenny wieder solche Ausflüge machen könnte, würde sie auch wieder lachen.«

Morley trommelte langsam mit den Fingerspitzen auf die Tischplatte. »Das ist ein sehr tiefschürfender Gedanke, Bakov.«

»Soll ich etwa aufhören zu denken, bloß weil ich fünfundsiebzig bin?«

»Selbstverständlich nicht. Ich sage das nur, weil ich überrascht darüber bin, daß dein Kopf nicht vollgestopft ist mit Gedanken über die Diätschwester und dein Frühstück. Als nächstes wirst du Haferflocken vielleicht sogar gern essen.«

Bakov hob den Löffel, drehte ihn um und ließ die Haferflokken zurück in die Schüssel plumpsen – erfüllt von Abscheu. »Das ist genauso unmöglich wie eine Busfahrt für einen Dollar.«

Pünktlich zu Beginn der Besuchszeit um zehn Uhr verließen sie den Aufzug in Miss McIlhennys Stockwerk und gingen den langen Korridor entlang, wobei sie an einem hochgewachsenen jungen Polizisten vorbeikamen, der vor der Tür des Nachbarzimmers stand. Morley sah ihn neugierig an.

Eine zierliche Krankenschwester, das rotbraune Haar ordentlich unter dem weißen Häubchen versteckt, mit blitzendgrünen Augen und weißen, gleichmäßigen Zähnen, trat aus Miss McIlhennys Zimmer und lächelte sie an.

»Oh, Mr. Morley und Mr. Bakov«, sagte sie. »Sie werden sich ein bißchen gedulden müssen, weil die Ärzte im Augenblick gerade bei Miss McIlhenny sind.«

»Wir werden warten«, sagte Morley. Dann beugte er sich vor und fragte mit vertraulicher Stimme: »Sagen Sie mir, weshalb steht der junge Polizist hier im Flur wie eine große, blaue Statue?«

»Wahrscheinlich kann ich es Ihnen ruhig sagen«, antwortete sie. »Alle im Krankenhaus wissen es. Haben Sie von der Entführung gestern gelesen?«

»Ich hatte zuviel zu tun. Wer wurde denn entführt?«

»Julia Flaxworth, die Frau von Julius Flaxworth, der in seiner Jugend irgend etwas erfand und seitdem ein Vermögen mit der Produktion verdient hat.« Sie seufzte. »Warum lerne ich bloß nie jemanden wie ihn kennen? Ich würde nur allzugern mit ihm alt werden und sein Geld ausgeben.«

»Eine hilflose reiche Dame zu entführen, ist ein schreckliches Verbrechen«, sagte Morley. »Aber Sie haben immer noch nicht gesagt, warum der große junge Mann im Flur steht.«

»Er bewacht den einzigen Zeugen. Mrs. Flaxworth wurde

gestern nachmittag entführt, während sie in ihrem Garten arbeitete, wo sie prämierte Veilchen züchtet. Bei ihr war ein Freund, Ziggy Peru, ein internationaler Playboy, der, wie die Klatschspalten behaupten, etwas mit Mrs. Flaxworth hatte. Und Mr. Capistrano, der Gärtner. Die beiden Entführer schlugen Mr. Capistrano nieder und erschossen Mr. Peru. Als Mr. Capistrano wieder zu sich kam, rief er die Polizei an, aber ehe die Polizei ihn befragen konnte, brach er zusammen und fiel in ein Koma. Die Ärzte können es nicht verstehen. Der Schlag auf den Kopf scheint nicht sehr stark gewesen zu sein, und die Röntgenaufnahmen zeigen nichts.«

»Nimmt man an, daß die Entführer Mr. Capistrano vielleicht Schaden zufügen wollen?« fragte Morley.

»So habe ich es gehört«, sagte sie. »Ehe er zusammenbrach, sagte Mr. Capistrano der Polizei nur, daß es sich um zwei Männer gehandelt hatte. Er konnte ihnen nicht einmal eine Beschreibung geben, also hat die Polizei auch nicht die leiseste Ahnung, nach wem sie suchen soll. Ohne Mr. Capistranos Aussage tappen sie völlig im dunkeln.«

Morley runzelte die Stirn. »Das ist seltsam. Warum haben die Entführer den armen Gartenmenschen nicht auch gleich erschossen? Dann gäbe es gar keine Zeugen.«

»Ich weiß es nicht.« Mit einem kleinen Winken und einem Lächeln ging sie in Richtung des Schwesternzimmers weiter.

Morley, die Hände in den Hüfttaschen vergraben, schlenderte langsam hinter ihr her. Bakov folgte.

Als sie an dem jungen Polizisten vorbeikam, warf sie den Kopf zurück. Er lächelte und tippte an seine Uniformmütze. Bewundernd sah er ihr nach.

Morley blieb vor dem jungen Mann stehen. »Megan Regan ist wirklich eine sehr attraktive junge Frau«, sagte er.

Der Polizist grinste. »Ich sehe, daß das Alter ihren Blick für weibliche Schönheit nicht getrübt hat. Ich habe ihr schon einen Antrag gemacht, aber sie besteht darauf, einen reichen Mann zu heiraten, nicht so einen armen Schlucker von der Polizei. Was sie jedoch nicht weiß, ist, daß ich keineswegs beabsichtige, für immer in der Uniform zu bleiben. Ich habe einen Universitätsabschluß. Ich bin recht intelligent und arbeite hart. Bald werde ich

Inspektor sein, und wer weiß, was danach kommt. Vielleicht werde ich sogar Kommissar.«

»Sie würde eine prächtige Frau für einen Polizeikommissar sein«, sagte Bakov. »Wie heißen Sie?«

»Sean Casey.«

»Das ist ein guter Name für einen Polizeikommissar.« Morley musterte die Tür des Zimmers. »Ist Mr. Capistrano immer noch bewußtlos?«

»Die Ärzte sind gerade bei ihm.«

Die Tür des Krankenzimmers öffnete sich. Ein fast kahler Arzt in mittleren Jahren, der mit schlimmeren Gewichtsproblemen als Bakov zu kämpfen hatte, betrat den Flur, gefolgt von einem bärtigen jungen Arzt mit dichtem, braunen Haar.

»Es ist, wie ich vermutet habe«, sagte der ältere Mann. »Er leidet an einem traumatischen Schock, hervorgerufen durch den Schlag auf den Kopf.«

»Besteht die Möglichkeit, daß er nur simuliert?« fragte der jüngere Arzt.

Die Stimme des älteren Mannes klang herablassend. »Es ist kaum wahrscheinlich, daß ein Mann seines Alters die emotionale und physische Beherrschung haben sollte, die dazu notwendig ist, unter ärztlicher Beobachtung ein Koma zu simulieren.«

Sean Caseys Augen waren auf das Schwesternzimmer am anderen Ende des Ganges gerichtet, wo Megan Regan stand und sich mit einer Kollegin unterhielt. Die Tür zu Mr. Capistranos Zimmer war nur angelehnt.

Bakov hinter sich herziehend, schlüpfte Morley hinein und schloß die Tür von innen.

Bakovs Stimme war nur ein entsetztes Flüstern. »*Was machst du denn jetzt schon wieder*?«

Morley legte warnend den Finger an die Lippen.

Der Mann, der im Bett lag, war klein und zierlich, hatte lockiges Haar, das sich über dem weißen Verband wie eine Krone auftürmte, und einen dichten schwarzen Schnurrbart. Er lag ganz still, die Augen offen und auf einen Punkt an der Decke fixiert. Die Arme, die auf dem Laken lagen, waren stark und sehnig, der Körper flach und muskulös von den Jahren der Arbeit im Freien. Obwohl Mr. Capistrano in den Sechzigern war, sah er aus, als könne er den Arzt, der ihn untersucht hatte, spielend im Arbeiten, Essen und Trinken schlagen.

Morley schubste ihn leise an. »Ich bin Mr. Morley, und das ist Mr. Bakov.«

Mr. Capistrano rührte sich nicht.

»Ich glaube nicht, daß Sie im Koma liegen«, sagte Morley. »Ich glaube, daß Sie zu gesund sind, als daß Sie sich von einem kleinen Schlag auf den Kopf aus der Fassung bringen lassen würden, egal was dieser fette kleine Oberarzt auch sagt.«

Mr. Capistranos Lider zuckten nicht einmal.

Morley seufzte und drehte sich um, machte einen Schritt auf die Tür zu und wirbelte herum, gerade noch rechtzeitig, um zu sehen, wie Mr. Capistrano blitzartig den Blick von ihm abwandte.

»Aha!« sagte Morley triumphierend. »Es ist so, wie ich gedacht habe. Sie spielen Vogel Strauß, aber sie können die Ärzte nicht auf Dauer täuschen. Warum wollen Sie nicht mit der Polizei sprechen?«

Mr. Capistrano legte schnell den Finger an die Lippen. »Nicht so laut«, flüsterte er.

»Was für ein Mann sind Sie überhaupt?« wollte Morley wissen. »Eine arme Frau wurde entführt, ein unglücklicher internationaler Playboy wurde erschossen. Sie sind der einzige Zeuge, und doch weigern Sie sich, zu helfen.«

»Sie verstehen nicht«, sagte Mr. Capistrano und bedeutete ihnen, näher zu kommen. »Normalerweise würde ich alles tun, was in meiner Macht steht, aber ich bin kein Dummkopf. Als die beiden Männer mit den Masken kamen, schrie Mrs. Flaxworth. Einer von den beiden sagte, sie solle den Mund halten und zog ihr einen weißen Sack über den Kopf. Während er das tat, rutschte der Ärmel seines grauen Overalls hoch, und ich sah eine Tätowierung über seinem rechten Handgelenk.«

»Das ist doch ein wertvoller Hinweis«, sagte Mr. Bakov. »Sie hätten der Polizei davon erzählen müssen.«

»Warten Sie«, sagte Mr. Capistrano. »Ich hatte einen kleinen Spaten in der Hand, und als ich ihn hob, um den Entführer niederzuschlagen, schlug mich der andere Mann von hinten nieder. Dann kam die Polizei, und als ich gerade erzählen wollte, was passiert war, griff einer der jungen Polizisten nach seinem Notizbuch –« Mr. Capistranos Stimme senkte sich zu einem angstvollen Flüstern. »*Er hatte dieselbe Tätowierung über dem rechten Handgelenk.*«

Bakov stöhnte: »Wie kann das sein? Ein Entführer kann doch nicht Polizist sein!«

»Ich wollte keinesfalls ein Risiko eingehen. Der Entführer konnte nicht wissen, daß ich die Tätowierung gesehen hatte, außer ich sagte es, und das würde ich auf keinen Fall tun, solange er direkt vor mir stand. Also sank ich zusammen und tat so, als könne ich nicht sprechen, um Zeit zu gewinnen, mir zu überlegen, was ich tun sollte. Es der Polizei zu sagen, wäre sinnlos gewesen. Man würde mir nicht glauben. Sie würden sagen, daß der Schlag auf den Kopf meinen Verstand durcheinander gebracht hätte. Die Ärzte würden dasselbe sagen. Und der Polizist mit der Tätowierung würde wissen, daß ich ihn mit dem Verbrechen in Zusammenhang bringen konnte. Es würde ihm bestimmt nicht schwerfallen, mich aus dem Weg zu räumen.«

Morley runzelte die Stirn. »Das ist ein echtes Dilemma. Ist es nicht möglich, daß Sie sich irren? Obwohl es heutzutage nicht mehr so populär ist wie in meiner Jugend, haben immer noch viele Männer Tätowierungen.«

»Keine solche. Wie viele tragen wohl die Tätowierung einer großen roten Rose, eingerahmt von dem Spruch: ›Ich liebe Mutter Rose', in blauer Tinte?«

Ein Geräusch an der Tür ließ Mr. Capistrano in seine Erstarrung zurückfallen. Seine Augen waren wieder blicklos auf die Decke gerichtet.

Ein bulliger Mann mit kurzgeschnittenem Haar betrat das Zimmer, gefolgt von einem jungen Detektiv, der die Dienstmarke an seinen Jackettaufschlag geheftet hatte, und einem Mann in mittleren Jahren, der einen eleganten blauen Anzug trug.

Der bullige Mann blieb wie angewurzelt stehen, als er Morley und Bakov sah, schloß die Augen und rührte sich einen Augenblick lang nicht, ehe er eines wieder öffnete. Es war, als hoffe er, die beiden Männer seien Erscheinungen, die gleich wieder verschwinden würden.

Seine Lippen verzogen sich zu schmalen Strichen, ein innerer Druck jagte ihm Farbe ins Gesicht, die Augen öffneten sich weit und fielen ihm vor Wut fast aus dem Kopf. »*Was habt Ihr zwei hier zu suchen*?«

Morley verschränkte die Arme. »Warum schreien Sie in der Gegenwart eines kranken Mannes, Leutnant Hook? Wissen Sie denn nicht, daß Sie sich in einem Krankenhaus befinden?«

Hook deutete auf die Tür. »Raus!«

»Seien Sie nicht so hastig mit Ihrem ›Raus!‹«, sagte Morley. »Vielleicht können wir Ihnen helfen, dieses schreckliche Verbrechen aufzuklären. Es wäre ja nicht das erste Mal.«

»Ich brauche eure Hilfe nicht!«

»Aha«, sagte Morley. »Dann haben Sie Mrs. Flaxworth also schon wieder in die Arme ihres liebenden Mannes zurückgeführt und die beiden herzlosen Entführer und Mörder ins Gefängnis geworfen, wo sie hingehören?« Er schüttelte den Kopf. »Aber das glaube ich nicht. Vielmehr glaube ich, daß der arme Mr. Flaxworth einen Anruf erhalten hat und man eine Million Dollar von ihm fordert, wenn er seine Frau lebend wiedersehen will, und Sie sind jetzt hier, weil Sie verzweifelt hoffen, daß Mr. Capistrano plötzlich aufwachen und ihnen alles über die bösen Männer erzählen wird, die Mrs. Flaxworth entführt und den internationalen Playboy getötet haben.«

»Es war eine halbe Million, und es war ein Brief, kein Anruf«, sagte der Mann im blauen Anzug. »Aber Sie haben recht. Die Lösegeldforderung wurde gestellt. Und wenn Mr. Capistrano uns nicht helfen kann, muß ich das Geld bis sieben Uhr heute abend abliefern.«

Morley sah ihn prüfend an. Julius Flaxworth war eine gutaussehende Zusammenstellung kostspieliger Dinge, angefangen mit einem sorgfältig frisierten grauen Haar bis zu den englischen Schuhen, aber sein blasses Gesicht und die gequälten Augen beeinträchtigten das Bild des Wohlstands.

Morley klopfte ihm tröstend auf die Schulter. »Machen Sie sich keine Sorgen. Wir sind sehr gute Freunde von Leutnant Hook vom Morddezernat, dem wir immer helfen, wenn er Schwierigkeiten hat, die bösen Verbrecher zu fangen.«

Hook murmelte etwas vor sich hin, marschierte zur Tür und

winkte Casey herein. Er deutete auf Morley und Bakov. »Wie sind die beiden ins Zimmer gekommen?«

Caseys überraschter Blick heftete sich auf die beiden alten Männer.

Hook stieß den Zeigefinger gegen Caseys Brust und unterstrich jedes Wort mit einem Stups. »Ich hätte gute Lust, Sie ohne Bezüge vom Dienst zu suspendieren. Nur Krankenhauspersonal darf dieses Zimmer betreten, und Sie lassen diese –« er suchte nach Worten – »diese tatterigen, uralten, vertrockneten –«

»Intelligenten Menschen«, half Morley ihm aus.

»Wichtigtuer!« schrie Leutnant Hook. »Sie sehen harmlos aus, aber das sind sie nicht. Wer weiß, wieviel Schaden sie schon angerichtet haben.«

»Wie üblich öffnen Sie den Mund, ohne vorher Ihr Gehirn zu befragen«, sagte Morley milde. »Wir sind gekommen, um zu helfen. Wer sonst ist denn dazu in der Lage? Etwa der fette kleine Oberarzt? Er kommt und leuchtet mit seiner Taschenlampe in Mr. Capistranos Augen, aber er sieht sich den Mann überhaupt nicht richtig an. Und Sie –« Morleys Stimme klang ein kleines bißchen indigniert. »Sie kennen nur das Gesetz, aber von Menschen haben Sie keine Ahnung. Der junge Polizist sollte Mr. Capistrano vor Verbrechern schützen. Wir sind keine Verbrecher, aber andere könnten es sein.« Er deutete dramatisch auf den jungen Detektiv. »Woher wissen Sie, daß der kein Verbrecher ist?«

»Er ist Polizeibeamter!« schrie Hook.

»Ich habe schon des öfteren von Polizeibeamten gehört, die das Gesetz gebrochen haben«, sagte Morley. »Nicht viele zwar, aber immerhin einige. Kann es etwas schaden, wenn wir den jungen Mann fragen, wo er sich aufgehalten hat, als das schreckliche Verbrechen verübt wurde?«

»Wir haben keine Zeit für solchen Blödsinn«, fauchte Hook.

»Einen Augenblick«, sagte der verwirrte junge Detektiv. »Ich hatte Dienst im Mannschaftsraum. Ich mußte für McGonigle einspringen, der überraschend krank wurde. Sie wissen das doch, Leutnant.«

»Natürlich«, sagte Hook und wandte sich wieder Morley und Bakov zu. »Und jetzt verschwinden Sie beide, bitte.«

»Wenn Sie darauf bestehen«, sagte Morley. Vor dem jungen Detektiv blieb er stehen und streckte ihm die Hand hin. »Ich bin Morley. Und wie heißen Sie?«

Überrascht schüttelte der junge Detektiv Morleys Hand, wobei man eine Tätowierung über seinem rechten Handgelenk sehen konnte. »Sativa.«

»Das ist eine interessante Tätowierung«, sagte Morley. »Ihre Mutter hieß Rose?«

»Es ist der Name meiner Pflegemutter.«

»Sie muß eine gute Frau gewesen sein. Hat sie viele Pflegekinder großgezogen?«

Sativa schüttelte den Kopf. »Nur mich und ihren eigenen Sohn. Wir waren wie Brüder.«

»Und der leibliche Sohn hat auch eine Tätowierung, nicht wahr?« sagte Morley.

Sativas Augen weiteten sich überrascht. »Woher wissen Sie das?«

»Es ist nur logisch«, sagte Morley bescheiden. »Wo ist er jetzt?«

»In Mr. Flaxworths Fabrik. Larry ist dort Sicherheitsbeauftragter.« Sativa wandte sich an Flaxworth. »Sie kennen ihn doch, Mr. Flaxworth.«

»Die Tätowierung kam mir zwar bekannt vor«, sagte Flaxworth, »aber mein Sicherheitsbeauftragter heißt Hagweed, nicht Sativa.«

»Ich habe meinen Namen nicht geändert«, sagte Sativa.

Morley fragte: »Ist die Fabrik groß?«

»Es gibt drei Gebäude«, antwortete Flaxworth. »Eins für die Büros, eins für die Produktion und eine Lagerhalle.«

»Die Geschäfte müssen wirklich gut gehen, wenn Sie ein so großes Werk haben«, sagte Morley.

Flaxworth runzelte die Stirn. »Leider ist das nicht der Fall. Wir arbeiten mit nur einer Schicht, und unsere Bestände sind so gering, daß das Lagerhaus fast leer ist –« Er brach ab, verschränkte die Arme vor der Brust und wandte sich ungehalten an Hook. »Wir sind hierhergekommen, um Mr. Capistrano zu befragen, aber nicht, um über Pflegebrüder, Tätowierungen und meine Fabrik zu reden.«

Hook sah Morley wütend an und deutete mit dem Daumen auf die Tür.

»Wir gehen ja schon«, sagte Morley. »Aber zuerst will ich Ihnen noch ein paar Worte sagen.« Er hob den Zeigefinger. »Nummer eins, Sie können Mr. Capistrano nicht fragen, weil er Ihnen nicht antworten wird.« Er hob den Mittelfinger. »Nummer zwei, es ist gar nicht notwendig, ihn zu fragen, weil wir die Fakten bereits überdacht und das Rätsel gelöst haben. Wir wissen, wo die arme Mrs. Flaxworth gegen ihren Willen festgehalten wird.« Der dritte Finger gesellte sich zu den ersten beiden. »Nummer drei, wir müssen hier bleiben und der armen Miss McIlhenny Gesellschaft leisten, weil sie außer uns niemanden hat. Folglich werden wir es Ihnen überlassen, die unglückliche Mrs. Flaxworth aus Ihrer Gefangenschaft zu befreien.«

Alle starrten ihn an, bis Hooks resignierte Stimme das Schweigen brach. »Ist es sehr dumm zu fragen, wo sie Ihrer Meinung nach zu finden ist?«

Morley machte eine ungeduldige Handbewegung. »Ganz offensichtlich befindet sie sich in Mr. Flaxworths leerem Lagerhaus, weil sie von dem Sicherheitsbeauftragten Hagweed entführt wurde. Oder können Sie sich ein besseres Versteck denken als ein leeres Lagerhaus, in dem niemand nachsehen wird?«

Hook lief violett an, und seine Stimme wurde mit jedem Wort lauter. *»Und wie sind Sie zu dieser bemerkenswerten Schlußfolgerung gekommen?«*

»Sie brauchen nicht so zu schreien«, sagte Morley. »Die Sache ist ganz einfach. Der Entführer hat eine Tätowierung genau wie Detektiv Sativa, und weil er nicht der Entführer sein kann, muß es sich um seinen Pflegebruder Hagweed handeln.«

Sativas Stimme klang sehr aufgebracht. »Larry würde niemals so etwas tun. Woher wissen Sie überhaupt, daß der Entführer eine Tätowierung wie ich hat?«

Wie Lazarus bei seiner Auferstehung von den Toten, setzte Mr. Capistrano sich langsam auf und löste damit absolutes verblüfftes Schweigen aus. »Weil ich es ihm gesagt habe«, verkündete er.

Hooks ungläubige Blicke flogen von Capistrano zu Morley.

Morley deutete gebieterisch zur Tür. »Verschwenden Sie

keine Zeit mehr. Mrs. Flaxworth braucht Ihre Hilfe.« Er runzelte die Stirn. »Aber vielleicht sollten Bakov und ich doch mitgehen. Ich bin mir nicht sicher, ob Sie überhaupt fähig sind –«

Hook fuchtelte mit dem zitternden Zeigefinger unter Morleys Nase herum. »Mit Ihnen rede ich später.« Und den anderen bellte er zu: »Gehen wir!«

Nachdem alle das Zimmer verlassen hatten, seufzte Mr. Capistrano: »Ich bin wirklich froh, daß es vorbei ist. Sie können sich nicht vorstellen, wie anstrengend es ist, so zu tun, als läge man im Koma. Seit meine Frau tot ist, habe ich keine Übung mehr. Wissen Sie, sie redete immer so viel.«

Als Morley und Bakov in Miss McIlhennys Zimmer nachsahen, mußten sie feststellen, daß die Ärzte sie in die unteren Regionen des Krankenhauses verlegt hatten, wo sie sich einer Serie von Tests unterziehen mußte, die mehrere Stunden dauern würden. Also kehrten sie zu Mr. Capistrano zurück, der nach der langen Zeit des selbst auferlegten Schweigens ohne Unterbrechung redete, bis eine aufgeregte Megan Regan ins Zimmer stürmte und ihnen mitteilte, daß Mrs. Flaxworth gefesselt, geknebelt und mit verbundenen Augen in einem Büroraum in Mr. Flaxworths fast leerem Lagerhaus gefunden worden sei. Sie gab ebenfalls bekannt, daß Sean Casey nach einem kurzen, aber heftigen Kampf Larry Hagweed verhaftet habe.

Morley lächelte. »Mir scheint, daß ein tapferer Mensch wie Sean Casey, der eines Tages vielleicht Polizeikommissar sein wird, eine gute Partie wäre für eine kluge Frau.«

Megan Regan trat nahe an ihn heran und flüsterte. »Sie haben völlig recht, Mr. Morley, aber behalten Sie es für sich. Man muß die Sache richtig angehen, so daß der große Clown meint, es sei ganz allein seine Idee.« Sie schwebte wieder hinauf.

Mr. Capistrano begann im Zimmer auf und ab zu laufen. »Sind Sie sich eigentlich im klaren darüber, daß ich immer noch in Gefahr schwebe? Der andere Entführer befindet sich noch auf freiem Fuß. Solange er nicht in einer Zelle steckt, sitze ich in der Tinte, weil schließlich nur ich bezeugen kann, daß Hagweed an der Entführung beteiligt war.«

»Vielleicht wird der Sicherheitsmensch Hagweed der Polizei

sagen, wo der andere Mann zu finden ist«, sagte Bakov.

»Wenn er das täte, würde er ja seine Schuld eingestehen.« Mr. Capistrano funkelte Morley böse an. »Es ist alles Ihre Schuld.«

Morley lächelte. »Seien Sie nicht so nervös. Es spielt keine Rolle, was der böse Hagweed sagt oder tut. Wie es im Fernsehen immer so schön heißt, werden er und sein Komplize der gerechten Strafe nicht entgehen.«

Bakov nickte. »Im Fernsehen reden sie immer so geschwollen. Einmal habe ich mir einen ganzen Film angesehen und kein einziges Wort verstanden. Böse Männer sprachen davon, eine Puppe aufs Eis zu legen, aber der Film handelte von einer armen jungen Frau, die sich in einem Hotelzimmer einschloß, das noch nicht einmal einen Kühlschrank hatte, und Zigaretten rauchte. Am Ende erschoß jeder jeden, so daß niemand übrig blieb, der einem die Geschichte erklären konnte. In der letzten Szene sah man nur, wie die letzte Zigarette der armen jungen Frau ein Loch in den Teppich brannte, was den Hoteldirektor sicherlich sehr böse gemacht hat.«

Mr. Capistrano verdrehte die Augen. »Ich glaube, ich versinke wieder in mein Koma.«

Morley legte den Kopf lauschend zur Seite. »Ich glaube, dafür ist es zu spät.«

Leutnant Hook führte die Parade an: Mr. Flaxworth, den Arm schützend um die Schulter einer attraktiven blonden Frau in schwarzen Hosen und Bluse gelegt, Detektiv Sativa und Sean Casey.

Flaxworth und die Frau traten vor. »Meine Frau bestand darauf, Ihnen persönlich zu danken«, sagte er zu Morley.

Mrs. Flaxworth nahm Morleys Hand in beide Hände. »Man hat mir gesagt, daß Sie errieten, wo ich gefangengehalten wurde. Ich bin Ihnen zu großem Dank verpflichtet.«

Morley nickte. »Sie sollten auch Mr. Capistrano danken. Er bemerkte die Tätowierung und erhielt einen Schlag auf den Kopf, als er versuchte, Sie zu schützen.«

»Natürlich«, sagte sie und umarmte Mr. Capistrano. »Danke, alter Freund. Schon bald werden wir wieder gemeinsam unsere schon oft ausgezeichneten Veilchen züchten.« Ihre Augen füllten sich mit Tränen. »Der arme Ziggy«, sagte sie. »Er kann uns nicht mehr mit seinem fachmännischen Rat zur Seite stehen. Hoffentlich erhält der Verbrecher, der ihn erschossen hat, bald seine gerechte Strafe.«

»Hagweed war allein im Lagerhaus, und er weigert sich, auch nur ein Wort zu sagen«, erklärte Hook. »Mr. Capistrano, Sie müssen mir alles sagen, was Sie über den anderen Mann wissen.«

»Ich kann Ihnen gar nichts über ihn sagen«, entgegnete Mr. Capistrano. »Er stand hinter mir, und er sprach kein Wort, also kenne ich nicht einmal seine Stimme.«

Hook kratzte sich die Wange. »Also gut. Dann müssen wir uns Hagweeds Freunde einen nach dem anderen vornehmen.«

»Damit verschwenden Sie nur Ihre Zeit und das Geld der Steuerzahler«, sagte Morley.

»Mr. Morley«, sagte Hook müde, »so ungern ich es auch zugebe, Sie waren uns eine große Hilfe. Bitte, verderben Sie den guten Eindruck jetzt nicht.«

»Ich verderbe gar nichts«, sagte Morley. »Ich will Ihnen nur mitteilen, daß es nicht nötig ist, nach dem zweiten Mann zu suchen, weil er bereits in diesem Zimmer ist.«

Hook starrte ihn einen Augenblick an und räusperte sich. »Das erklären Sie besser ganz schnell, oder ich muß Sie verhaften, weil Sie der Polizei Beweise vorenthalten haben.«

»Der Beweis steht vor Ihnen«, sagte Mr. Morley. »Als Mr. Capistrano versuchte, Mrs. Flaxworth zu helfen, wurde er nicht erschossen, sondern nur niedergeschlagen. Offensichtlich weil niemand den Wunsch hatte, ihn zu erschießen. Aber warum nicht? War er nicht, genau wie der internationale Playboy, ein Zeuge, der Schwierigkeiten verursachen konnte?« Morley wandte sich an Mrs. Flaxworth. »Nachdem der Mann Ihnen den Sack über den Kopf gezogen hatte, konnten Sie zwar nicht mehr sehen, aber doch noch hören. Hat der internationale Playboy geschrien oder die Männer angegriffen, oder sonst etwas getan, das die Entführer dazu zwang, ihn zu erschießen?«

Sie verbarg das Gesicht hinter den Händen. »Oh, es war alles so schrecklich und verwirrend. Ich erinnere mich nur an die furchtbare Schwärze und meine Angst.« Dann ließ sie die Hände sinken und stand wie erstarrt da. »Ich habe es gehört«, flüsterte sie. »Es war mir ganz entfallen, aber ich habe es gehört!«

»Was?« fragte Hook.

Entsetzen kroch in ihre Stimme. »Einer der Männer sagte: ›*Es tut mir leid, Ziggy.*‹« Sie fing an zu weinen, das Gesicht wieder in den Händen vergraben.

»Sehen Sie«, sagte Morley mit leiser Stimme. »Das Ziel des Verbrechens war nicht, Mrs. Flaxworth zu entführen, sondern Mr. Ziggy Peru, den internationalen Playboy, zu töten. Welcher echte Entführer würde ihn bei seinem Vornamen nennen und sich dafür entschuldigen, daß er ihn erschoß? Um den Mann zu finden, brauchen Sie sich nur zu fragen, wer könnte ein Interesse daran gehabt haben? Die weinende Mrs. Flaxworth weiß es bereits.«

Alle starrten Flaxworth an.

Hooks Blicke flogen wieder zu Morley. »Warum?«

Morley seufzte. »Können Sie sich das nicht selbst denken? Es ist wohlbekannt, daß internationale Playboys schöne Frauen verführen, nur um sie dann fallenzulassen wie ein kaputtes Spielzeug, und ihre Herzen brechen, wenn sie ihrer müde geworden sind. Offensichtlich wollte Mr. Flaxworth nicht, daß dies seiner geliebten Frau zustieße, aber er konnte Mr. Ziggy Peru auch nicht einfach so abknallen, weil er dann verhaftet werden würde. Also dachte er sich die Entführung aus, und zwar mit Hilfe seines Sicherheitsbeauftragten Hagweed, der gleichzeitig auch ein sehr guter und treuer Freund sein muß. Während der Entführung konnte er Mr. Ziggy Peru erschießen, und die Polizei würde ihn keinen Augenblick lang verdächtigen. Dann würde er Hagweed das Lösegeld auszahlen, Hagweed würde es ihm wieder zurückgeben, also würde die ganze Sache ihn nichts kosten, und Mr. Ziggy Peru wäre tot, und Flaxworths geliebte Frau konnte weiterhin ihre preisverdächtigen Veilchen züchten, ohne ein gebrochenes Herz zu haben.«

Hook schüttelte den Kopf, als habe er gerade einen schweren Schlag erhalten. »Es ist so phantastisch, daß es schon wieder logisch ist.« Er wandte sich an Flaxworth. »Gehen wir in mein Büro und reden wir in Ruhe darüber.«

Flaxworth lächelte traurig, zuckte mit den Schultern und zog einen kleinen Revolver aus der Manteltasche. »Bitte, bewegen Sie sich nicht«, sagte er. Ich möchte niemanden verletzen.«

Alle waren wie erstarrt. Die kleine Gruppe stand dicht gedrängt am Fußende von Mr. Capistranos Bett. Bis auf Bakov. Weil er heute sein übliches zweites Frühstück, bestehend aus Tee und Keksen, nicht bekommen hatte, schenkte Bakov sich gerade ein Glas von Mr. Capistranos Eiswasser ein in der Hoffnung, daß die kühle Flüssigkeit das Grummeln seines leeren Magens beschwichtigen würde.

Flaxworth wich zum Kopfende des Bettes zurück.

Hook, die Hände halb erhoben, sagte: »Sie kommen nicht weit, Mr. Flaxworth.«

»Doch«, sagte Flaxworth. »Und das offene Fenster wird unter den gegebenen Umständen den angemessenen Abgang ermöglichen.«

Er trat einen weiteren Schritt zurück, womit er in Bakovs Reichweite kam, der in aller Ruhe die schwere Wasserkaraffe hob, sie auf seinen Kopf niedergehen ließ, was Mr. Flaxworth zu Boden schickte und dazu führte, daß sowohl er als auch Bakov eine Ladung Eiswasser und Eiswürfel abbekamen.

Bakov keuchte und richtete sich kerzengerade auf, ehe er das nasse Hemd mit Daumen und Zeigefinger von seinem mächtigen Bauch wegzog. »*Das – ist – tatsächlich – sehr* – kalt!« sagte er mit zitternder Flüsterstimme.

Am frühen Abend dieses Tages sahen Morley und Bakov dem großen schwarzen Mercedes nach, der sich auf der Einfahrt vom Seniorenheim entfernte und sich nach kurzer Pause in den Verkehr einfädelte.

»Ziggy Perus Bruder ist ein sehr netter Mensch, auch wenn er ebenfalls ein internationaler Playboy ist«, sagte Morley. »Er hätte wirklich nicht persönlich kommen und sich bei uns dafür bedanken müssen, daß wir den Mörder seines Bruders entlarvt haben.«

»Er hat auch erklärt, daß du dich in dem Motiv geirrt hast, das Mr. Flaxworth für das schreckliche Verbrechen gehabt haben soll«, sagte Bakov.

Morleys Stimme klang sehr indigniert. »Woher sollte ich wissen, daß der internationale Playboy vorhatte, Mr. Flaxworths Fabrik zu kaufen, bis er feststellte, daß Mr. Flaxworth in finanziellen Schwierigkeiten steckte. Mr. Flaxworth bat ihn, niemandem etwas davon zu sagen, weil er wußte, daß er alles wieder in Ordnung bringen konnte, wenn er nur ein bißchen Zeit hatte, aber wenn Mr. Ziggy Peru es an die Öffentlichkeit brachte, würde Mr. Flaxworth ruiniert sein. Aber Ziggy Peru war kein netter Mensch, und er wollte Mr. Flaxworths Geschäft ruinieren, damit er es für praktisch nichts kaufen konnte. Also brachte Mr. Flaxworth ihn um.«

Bakov lächelte still vor sich hin. »Trotzdem –«

»Man kann schließlich nicht alles wissen«, sagte Morley von oben herab. »Internationale Playboys haben gefälligst nur schönen Frauen nachzujagen und nicht ganze Fabriken zu kaufen. Das ist ein überaus merkwürdiges Verhalten für einen internationalen Playboy, und wenn Mr. Ziggy Peru nur versucht hätte, Mrs. Flaxworth zu verführen, wie es sich für seinen Stand gehört, hätte Mr. Flaxworth ihn vielleicht nicht erschossen.«

»Schön«, sagte Bakov. »Aber jetzt ist alles vorbei, und morgen kommt die arme Miss McIlhenny aus dem Krankenhaus zurück, was eine sehr gute Sache ist.«

»Wir haben übrigens eine Überraschung für sie«, sagte Morley lächelnd.

»Eine Überraschung? Warum weiß ich denn nichts davon?«

»Weil du wie üblich hungrig warst und gegangen bist, um zu Abend zu essen. Ziggy Perus Bruder bestand darauf, daß wir eine Belohnung verdient hätten, aber ich sagte ihm, daß wir kein Geld annehmen könnten, weil wir einen bösen Verbrecher überführt haben, was schließlich nur unsere Pflicht als gute Staatsbürger ist. Aber ich dachte daran, was du heute morgen gesagt hast, und ich sprach mit unserem Direktor, und er war einverstanden. Ziggy Perus Bruder wird ihm das Geld geben, und der Direktor wird dafür Busfahrten in die Berge und ans Meer organisieren, so wie wir sie vor der Inflation hatten, und alle können umsonst mitfahren, auch die arme Miss McIlhenny natürlich, was sie vielleicht wieder zum Lachen bringen wird.«

Bakov schmunzelte. »Das ist ja wundervoll, aber eigentlich kann man von einem internationalen Playboy auch nichts anderes erwarten.«

»Das verstehe ich nicht, Bakov.«

Bakovs Augen sahen Morley in aller Unschuld an. »Ist es denn nicht die Aufgabe internationaler Playboys, die Herzen der Damen zu erfreuen?«

Originaltitel: THE KIDNAPPING OF THE VIOLET GROWER. 3/78

Gil Brewer

Familienbande

Er hieß Martin Brundell, und obwohl der Name vor langer, langer Zeit einmal Bedeutung gehabt hatte, war er jetzt völlig unwichtig. Zwischen der Gegenwart und der vom Alkohol vernebelten Vergangenheit lagen so viele qualvolle Jahre, daß nicht einmal mehr die Erinnerungen daran übriggeblieben war.

Er war ein Einzelgänger. Er hatte wenige Freunde, und diese waren weit entfernt. Man sah sie selten, denn sie jagten demselben Zustand nach wie er selbst.

Er war groß, mager und schnurrbärtig und lebte in Jeans, einem einst gelben Hemd und einer ihm aus Gutmütigkeit geschenkten Tweedjacke.

An einem Tag – es war im Park – fiel ihm zum erstenmal auf, daß er beobachtet wurde. Während er auf einer Bank saß und trank, um den Kater zu vertreiben, der ein ständiger Begleiter seiner Tage war, bemerkte er durch den Tran hindurch, daß ein junger Mann und eine junge Frau seine Bewegungen aufmerksam beobachteten. Das Paar, das sandwichessend unter einer Eiche saß, war ganz zweifellos an ihm interessiert. Die beiden starrten ihn an, tuschelten miteinander, starrten ihn wieder an. Dann merkten sie, daß er sie beobachtete, und wenige Augenblicke später gingen sie.

Von diesem Nachmittag an wußte er, daß er beobachtet, beschattet, überprüft wurde. Natürlich war er sich dessen nur vage bewußt durch den Nebel seines üblichen Zustandes hindurch, und es beunruhigte ihn nur in den kurzen und seltenen Momenten, in denen er sich der Ernüchterung näherte. Dann packte ihn Verzweiflung, und er mähte Rasen oder schaffte den Müll fort, damit er sich eine neue Flasche kaufen konnte. Irgendwie schaffte er es immer, genügend Geld für den Wein aufzutreiben, der ihm Vergessen schenkte.

Aber er wurde beobachtet. Und es waren immer dieselben beiden jungen Leute – der Mann und das Mädchen. Sie waren etwa Mitte Zwanzig. Er bemerkte sie auf der Straße, im Park und in der Nähe der schäbigen Pension, auf deren Veranda er schlafen durfte, wofür er als Gegenleistung gelegentlich kleinere Arbeiten verrichtete.

Einmal, im Park, als er vor lauter Alkohol wirklich kaum noch bei sich war, machten sie sogar ein Foto von ihm.

So ging es ungefähr einen Monat lang weiter. Dann wurde es September. Der Winter würde bald mit voller Wucht hereinbrechen. Schon jetzt wurde es manchmal empfindlich kühl.

Mrs. Gargan, der die Pension gehörte, wo er schlafen durfte, war eine kräftige Frau, die ganz gern dem Gin zusprach und ihn aus lauter Mitleid manchmal mit Essensresten fütterte.

»Sie haben Besuch«, sagte sie eines Nachmittags, als er sich gerade um die Mülltonnen kümmerte. »Die beiden warten auf der Veranda. Meine Güte, sehen Sie schlimm aus.«

»Danke«, sagte er.

»Soll ich Tee servieren?«

Er ignorierte sie und ging in die dreckige, vergammelte, von Mücken und Kakerlaken wimmelnde Verandaecke, wo er auf einer alten Matratze unter einer zerfetzten Armeedecke schlief.

Der junge Mann und die junge Frau begrüßten ihn.

Aus der Nähe wirkten sie, als seien sie einer Modezeitschrift entsprungen, sehr elegant und teuer gekleidet, frisiert und sehr sauber. Sie erinnerten ihn an ein weißes Kaninchen, das ihm einmal gehört hatte. Auch das Kaninchen war makellos sauber gewesen.

Er runzelte die Stirn, sagte aber nichts. Es lag etwas Unvermeidliches in der Luft, als hätten alle drei genau gewußt, daß sie sich eines Tages von Angesicht zu Angesicht gegenüberstehen würden.

Schließlich sagte er: »Was ist los?«

Sie standen neben einer Orangenkiste, in der er seine wenigen Habseligkeiten aufbewahrte. Er ließ sich auf die klumpige Matratze fallen, holte die Flasche in der braunen Papiertüte, entkorkte sie und trank.

»Wir sind gekommen, um Ihnen einen Vorschlag zu machen«, sagte das Mädchen. »Ich heiße Georgia Summers, und das ist mein Bruder D'Arcy. Wir wissen, daß Ihr Name Brundell lautet. Sie brauchen nichts zu sagen. Hören Sie nur zu, hören Sie uns an.«

Er antwortete nicht.

»Ich werde ehrlich sein«, sagte Georgia Summers. »Wir wissen, daß Sie ganz allein auf der Welt sind. Sie haben niemanden, keine Familie, nichts. Wir kennen Ihre Lage ganz genau. Es genügt, wenn ich sage, daß wir wirklich alles über Sie wissen –«

»Und das ist verflucht wenig«, unterbrach ihr Bruder sie.

Brundell sah D'Arcy Summers an. Er mochte ihn nicht. Georgia jedoch mochte er. Sie war nett und freundlich und irgendwie sehr verständnisvoll.

»Offensichtlich leiden Sie schon seit langem«, sagte das Mädchen. »Sie haben so lange getrunken, daß Ihr Körper in einem völlig geschwächten Zustand ist, und Sie sind unfähig, für sich selbst zu sorgen.« Sie zögerte. »Und nun zu unserem Vorschlag. Sie kommen mit uns, wohnen bei uns, und wir kümmern uns um Sie. Sie werden einen neuen Namen haben, Kleidung, gutes Essen, ein Dach über dem Kopf –«

»Ja«, sagte D'Arcy, »und so viel Schnaps, wie Sie nur trinken können. Guten Schnaps, nicht diesen billigen Fusel.«

»Ich mag Sherry«, sagte Brundell. »Mad Dog, Green Lizard.«

»Es spielt keine Rolle«, sagte das Mädchen. »Sie werden sich über gar nichts Sorgen zu machen brauchen. Sie sollen nur dasein, das ist alles.«

»Und wo ist der Haken?« fragte er, denn schließlich hatte er in all den Jahren auf der Straße etwas gelernt. Man bekam niemals etwas umsonst, und das, was die beiden ihm anboten, war der große Traum jedes Säufers, der Traum, der die Verzweifelten in den langen, trockenen Nächten vor dem Verrücktwerden bewahrte. (»Na klar, die waren so reich, daß sie schon nicht mehr zählen konnten. Sie haben den alten Marty aufgelesen und mit nach Hause genommen, und seitdem hat er keinen Finger mehr rühren müssen –«)

Aber es mußte einen Haken geben.

»Es gibt keinen Haken, nur eine Bedingung, das ist alles.« Das Mädchen lächelte ihn an.

»Nun sag's ihm schon, um Gottes willen«, drängte D'Arcy.

»Ja«, brummte Brundell und setzte die Flasche an den Mund.

»Also gut«, sagte das Mädchen. »Sie sind dreiundfünfzig, Mr. Brundell. Sie waren zwei Jahre lang auf dem College, und Sie können sich gewählt ausdrücken, wenn Sie einigermaßen nüchtern sind. Sie sind viel gereist, bis auf die letzten paar Jahre. Sie waren bei der Handelsmarine, im Koreakrieg. Sie sind nicht nur ein – ein –«

»Ein dreckiger Penner«, half Brundell ihr aus.

Sie seufzte. »Unsere Eltern starben, als wir beide noch klein waren, und wir leben bei unserer Tante – sie heißt Wilhelmina Schuster. Wir leben seit vielen Jahren bei ihr. Sie hat einen Bruder, August Schuster, der vor zwanzig Jahren verschwunden ist. Seitdem hat er ihr nur zweimal geschrieben, das ist alles. Sie standen sich sehr nahe, näher als es bei Geschwistern sonst üblich ist. Unsere Tante stirbt, Mr. Brundell. Sie wird nicht mehr lange leben, und immer wieder ruft sie nach ihrem Bruder. Die Ärzte sind der Meinung, daß es für sie sehr gut wäre, wenn er wieder auftauchen würde. Wir beide sind sicher, daß er schon lange tot ist, aber wir möchten Tante Willy helfen. Wir haben ihr gesagt, daß wir Detektive mit der Suche nach ihm beauftragt haben, und daß sie ihm dicht auf der Spur sind. Können Sie sich den Rest denken?«

»Ich bin August?«

»Ja, Sie sind der Bruder von Tante Willy. Sie sehen ihm ähnlich. Weiß der Himmel, wir haben überall nach ihm gesucht, und wir konnten ihn nicht finden. Wir möchten, daß Sie seine Rolle spielen, und mit Ihrer Erziehung und Vergangenheit müßten Sie das auch können. Bestimmt überlegen Sie jetzt, was mit Ihnen passiert, wenn Tante Willy tot ist. Dann haben Sie die freie Wahl. Entweder können Sie weiter bei uns wohnen bleiben, oder wir zahlen Ihnen eine großzügige Summe aus und lassen Sie wieder gehen. In beiden Fällen können Sie nur gewinnen, wenn Sie uns helfen.«

»Ja«, sagte D'Arcy. »Und Sie brauchen nichts weiter zu tun, als viel Zeit an Tante Willys Bett zu verbringen und ihr Geschichten über Ihre Erlebnisse und so weiter zu erzählen. Sie wird nicht viele Fragen stellen. Sie ist dafür schon zu alt und zu krank. Wir werden Ihnen alles über die Kindheit von Tante Willy und Onkel August erzählen, damit Sie Bescheid wissen. Aber auch da brauchen Sie sich keine Sorgen zu machen. Es besteht kaum Gefahr, daß Sie sich verraten. Die meiste Zeit liegt sie im Koma.«

Brundell starrte sie mit wässrigen Augen an. Die Bedingungen, die die beiden stellten, waren ihm völlig egal. Es war eine Chance, *die* Chance, und er wußte, er würde sie ergreifen. Er hatte nichts zu verlieren.

Sie hatten Angst, er würde ablehnen. Das konnte er deutlich sehen. Er ließ sie noch ein paar Minuten zappeln, genoß ihre Zweifel und ihre Angst.

»Nun, was sagen Sie?« fragte Georgia Summers schließlich.

»Keine Ahnung.«

»*Ich weiß es nicht*«, korrigierte ihn D'Arcy. »Ich habe dir schon gesagt, Georgia, Tante Willy könnte nur durch seine Sprache mißtrauisch werden. Er muß sich gewählter ausdrücken.«

Das Mädchen ignorierte ihn. »Was halten Sie von unserem Vorschlag, Mr. Brundell?«

»Es ist einen Versuch wert«, sagte er. »Und was die gewählte Sprache betrifft, machen Sie sich keine Sorgen. In meiner Zeit habe ich viele Bücher gelesen. Ich werde mich gewählter ausdrücken als die Königin von England.«

Georgia lächelte D'Arcy an, und ihr Bruder runzelte die Stirn.

Zuerst brachten sie ihn in einen Massagesalon, wo er ein Dampfbad nahm und anschließend von einem bulligen Mann durchgewalkt wurde, der zuviel redete. Als er wieder zu seinem Spind kam, warteten Georgia und D'Arcy mit neuen Sachen auf ihn. Saubere Unterwäsche, Socken, ein brandneuer Anzug, der sehr teuer aussah, und bequeme Halbschuhe.

Er brauchte unbedingt einen Drink und sagte es ihnen.

Sie hielten an einer Bar an, wo sie für ihn einen Whisky mit Wasser bestellten. Er konnte sein Glas nur halb austrinken, und das war fast schon zuviel für ihn. Aber er genoß das sanfte Licht, die leise Musik und das helle Klappern von Eis gegen Glas. Er konnte lernen, wieder Whisky zu trinken, oder etwa nicht?

Er aß etwas Suppe, trank ein weiteres halbes Glas Whisky, und dann machten sie sich auf den Weg nach Hause. D'Arcy und Georgia erzählten ihm Tatsachen und Anekdoten aus der Kindheit von Onkel August, die er sich merken sollte. Er behielt vielleicht die Hälfte davon, und er sagte es ihnen.

»Es wird schon gehen«, meinte Georgia. »Tante Willy wird glauben, daß Sie August sind. Machen Sie sich keine Sorgen. Hauptsache, Sie erinnern sich immer an Ihren neuen Namen. Und heute abend werden wir die Handschrift üben.«

»Die Unterschrift«, sagte D'Arcy.

»Ja, Sie werden natürlich ein Bankkonto haben und Schecks mit Augusts Namen ausstellen müssen. Ein kleines bißchen illegal zwar, aber ich denke, daß Sie es trotzdem tun können. Es macht Ihnen doch nichts aus, oder?«

Sie saßen alle drei auf dem Vordersitz des geräumigen, noch ganz neu riechenden Cadillac Eldorado.

»Natürlich nicht, Georgia«, sagte er. »Ich werde es gern tun.«

Er fühlte sich wie neugeboren, voller Elan und Energie, und auch ein bißchen müde, aber es war eine angenehme Müdigkeit, wie er sie schon seit Jahren nicht mehr erlebt hatte.

Die erste Begegnung mit Tante Wilhelmina verlief ausgezeichnet, viel besser, als er erwartet hatte. Sie war sehr aufgeregt, aber es war offensichtlich, daß sie, wie die beiden Geschwister ihm gesagt hatten, im Sterben lag. Er konnte es an ihren Augen sehen, an der Art, wie sie reglos im Bett lag, an ihrer Stimme, wenn sie sprach. Nach einer halben Stunde sagte sie:

»Jetzt kann ich in Frieden sterben, August. Du bist endlich heimgekommen, wo du hingehörst. Wenn ich tot bin, kannst du dich um Georgia und D'Arcy kümmern. Zeig ihnen die schönen Seiten des Lebens. Sie waren all die Jahre so nett zu mir, und sie haben sich ein bißchen Entspannung verdient. Es ist sehr rücksichtslos von mir, jetzt zu sterben, aber ich kann es nicht ändern.«

»So darfst du nicht reden, Willy«, sagte Brundell. »Du wirst noch lange bei uns bleiben.«

»Du trinkst immer noch so viel, nicht wahr, August?«

»Nun, einen Schluck ab und zu.«

Tante Willy seufzte. »Ich werde nie den Abend vergessen, an dem du zum erstenmal Alkohol getrunken hast. Bestimmt erinnerst du dich auch noch, August.«

Er erinnerte sich keineswegs. Das hatten sie ihm nicht erzählt. Aber Georgia kam ihm zur Hilfe.

»Zeit für deine Medizin, Tante Willy. Genug geredet für heute. August ist für immer nach Hause gekommen, und du kannst ihn jeden Tag sehen. Dann habt ihr noch genug Zeit, Erinnerungen auszutauschen.«

»Ja, Liebes. Du hast ja so recht.«

Sie brachten ihn zu einem Schneider und halfen ihm, eine komplette Garderobe zu bestellen. Er nahm Fahrunterricht, bestand die Prüfung gleich beim ersten Mal, und sie kauften ihm ein Auto, einen Triumph, den er sehr liebte. Er trank nicht mehr so viel, und die neue Nüchternheit, oder auch der gute Whisky, wenn er trank, ließen ihn ganz neue Horizonte erahnen. Er blühte auf in seiner neuen Umgebung. Er war dafür wie geschaffen, die schönen Dinge des Lebens zu genießen. Sein Gesundheitszustand wurde zusehends besser. Aber so war es schon immer bei ihm gewesen. Wenn er als Wrack in eine Klinik eingeliefert worden war, sprach er immer sofort auf die Behandlung an.

Jetzt hatte er das beste Essen, das man sich nur wünschen konnte, die gesündesten Vitamine und die vollkommensten Lebensbedingungen. Das Haus war riesig, umgeben von einem wunderschönen Park. Es gab einen Koch, einen Gärtner und ein Hausmädchen.

Er hatte einen ganzen Flügel für sich allein, eine eigenc Suite. Er badete zweimal täglich in einer Badewanne aus schwarzem Marmor mit vergoldeten Armaturen. Zwar sah das ganze Anwesen ein bißchen alt und verwittert aus, aber das hielt er für ein Zeichen von Adel.

Er war August Schuster, mit einem zwar nicht üppigen, aber durchaus ausreichenden Bankkonto, freundlichen Verwandten und einer sterbenden Schwester.

Es dauerte fast zwei Monate, bis die Wahrheit ans Licht kam. Er hatte nicht geahnt, was passieren würde, aber immer noch im vollen Besitz der Gerissenheit, die er in langen Jahren auf der Straße erworben hatte, war er darauf vorbereitet.

Sie kamen eines Nachts in sein Zimmer. Es war dunkel, der Himmel draußen wolkenverhangen. Weder Mond noch Sterne waren zu sehen. Er wachte auf, als er die Schritte hörte, machte Licht und starrte sie an.

»Hallo, August.«

D'Arcy stand mit einem Revolver in der Hand am Fußende des Bettes. Georgia stand neben ihm. Beide trugen Pyjamas. D'Arcys war blau und golden gestreift, Georgias leuchtend rosa.

»Was soll das?« fragte er.

Georgia seufzte, D'Arcy räusperte sich.

»Du bist endlich nach Hause gekommen, August«, sagte D'Arcy. »Deine Heimkehr wurde gebührend in den Zeitungen gefeiert, und du hast dich hier gut eingelebt. Aber jetzt ist alles vorbei. Leider muß ich dir sagen, daß wir dich angelogen haben. Georgia«, fuhr er fort, »schlag das Fenster der Balkontür ein und mach sie auf.«

Sie tat, was ihr gesagt wurde. Sie schlug das Glas mit einer Haarbürste ein, entriegelte die Tür und öffnete sie weit. Ein sanfter Wind zupfte an den Gardinen, den lavendelfarbenen Vorhängen.

»Ich verstehe nicht«, sagte August.

»Ich werde es dir erklären«, sagte D'Arcy, den vernickelten Revolver fest auf Brundell in seinem großen Bett gerichtet. »August Schuster war ein reicher Mann, als er verschwand. Das Vermögen, das er zurückließ, ist im Laufe der Jahre zu einem wahren Berg angewachsen, der nie angerührt wurde. Weißt du noch, die Papiere, die du letzte Woche unterschrieben hast? Du hast nicht weiter darauf geachtet, wie du die ganze Zeit über nie darauf geachtet hast, welche Papiere du mit dem Namen unseres Onkels unterschreiben solltest. Nun, diese Papiere waren für die Bank, und damit hast du die Höhe deines jetzigen Vermögens bestätigt. Dieses Haus und das Barvermögen wurden dir von deinem Vater vererbt. Tante Willy hatte natürlich auch etwas, aber das meiste davon wurde ausgegeben. Verstehst du jetzt?«

»Ich denke schon.«

»Vielleicht noch nicht ganz. Unser Onkel August machte ein Testament, bevor er verschwand. In diesem Testament fällt fast sein ganzes Vermögen an Georgia und mich. Aber sein Tod muß natürlich über jeden Zweifel erhaben aktenkundig sein, ehe wir an das Geld herankommen. Es war uns unmöglich, wie du nur zu gut weißt, seinen Tod zu beweisen, ihn für tot erklären zu lassen. Und so taten wir das nächstbeste, als Tante Willys Geld anfing, zur Neige zu gehen: Wir suchten nach einem Ersatzmann. Und wir fanden dich. Du bist der ideale Doppelgänger.«

»Ich weiß, ich habe Fotos von ihm gesehen.«

»Du bist ein netter alter Mann, August, und das meine ich ehrlich, und ich hasse es, das tun zu müssen, aber es bleibt mir keine andere Wahl. Ich werde dich töten, und wir werden sagen, es sei ein Einbrecher gewesen. Dein Testament ist gültig. Der Schock wird Tante Willy vielleicht töten, und dann werden Georgia und ich alles bekommen.«

Georgia seufzte. »Es tut mir aufrichtig leid, Onkel August.«

»Ja«, sagte Brundell. »Ich bin Onkel August, das stimmt. Und ihr seid meine Familie. Und ich werde dafür sorgen, daß das auch so bleibt.« Mit diesen Worten erschoß er D'Arcy Summers durch die Bettdecken mit der Pistole, die er seit zwei Wochen ständig bei sich trug. Er hatte nicht genau gewußt, weshalb er sich diese Pistole gekauft hatte, aber er hatte sich einfach sicherer damit gefühlt. Jetzt wußte er, warum er diese Waffe gekauft hatte.

D'Arcy sank tot zu Boden. Georgia stürzte sich auf seinen Revolver, der auf dem Teppich lag, aber Brundell war viel zu schnell für sie. Er hielt den Revolver auf sie gerichtet, ehe sie sich richtig bewegt hatte.

»Und jetzt, Georgia«, sagte er, »lauf schnell und erzähl Tante Willy, was passiert ist. Ich rufe die Polizei an. Ein Einbrecher hat D'Arcy erschossen. Ich habe versucht, ihn zu stellen, aber er konnte über den Balkon flüchten. Er hat nur seine Pistole zurückgelassen. Siehst du?«

Brundell wischte die Pistole sorgfältig mit einem Zipfel seines roten Seidenpyjamas ab und warf sie auf den Boden.

»Ich bin sicher, daß wir glücklich miteinander leben werden, liebe Georgia«, murmelte er und tätschelte ihren Arm. »Seit meiner Rückkehr fühle ich mich so wohl im Kreise meiner lieben Familie.«

Originaltitel: FAMILY. 3/78

Dale L. Walker

Der Mann aus Texas

Jack Penn stank wie ein Grillkoch, und ich war froh, daß ich nicht dort essen mußte, wo er arbeitete. Um ihn herum hing der Gestank nach heißem Fett und Zwiebeln so dick, daß man ihn fast greifen konnte. Und er sah auch genauso aus wie ein Grillkoch – über der weißen Hose spannte sich ein T-Shirt über einen kugelrunden Bauch. Wenn man ihn sah und roch, dachte man gleich an Hamburger und Pommes frittes.

Ich sah ihn ein paarmal im Bronks, einer Kneipe an der Ecke Fourteenth Avenue und Apple Street, wo sich alle möglichen Typen von Nachtarbeitern zu einem letzten Drink vor dem Schlafengehen zusammenfanden. Bankwächter, Krankenhauspfleger, Taxifahrer, Polizisten nach dem Dienst und Journalisten der Morgenzeitungen, so wie ich, gehen gern ins Bronks, hauptsächlich weil es zentral gelegen, offen und billig ist. Aber auch wegen des Barkeepers, Leo Nagusrsky, ein ehemaliger U-Boot-Fahrer, mit einem knorrigen Gesicht, der unverwässerte Drinks und kaltes Bier in Gläsern serviert, durch die man tatsächlich durchsehen kann.

Obwohl ich damals seinen Namen noch nicht kannte, sprach ich im Bronks zweimal mit Jack Penn. Beim erstenmal rieb er seine Hände unter dem Lufttrockner in der Herrentoilette, während ich den Seifenspender bearbeitete bei dem Versuch, den Pfropfen aus gelbem Seifenschleim zu entfernen, der das Ding verstopfte.

»Die Oilers haben am Sonntag von Pittsburgh ganz schön die Hucke vollbekommen, was?« sagte Penn so ungefähr in meine Richtung.

»Was?« beantwortete ich seinem Bild im Spiegel, wobei ich gleichzeitig seinen Geruch und seinen Beruf identifizierte. »Warum können die verfluchten Cowboys nicht gegen die Steelers spielen, anstelle von Houston?« sagte er aufgebracht.

Ein Fan der Oilers? Hier? dachte ich. Und ich sagte: »Ja, eigentlich müßten die Cowboys gegen sie spielen.«

Damit und mit einem schnellen Blick zu mir herüber,

quetschte er sich durch die Tür. Nur sein Geruch blieb noch eine Weile im Raum hängen.

Das zweite und letzte Mal, als ich mit ihm sprach, war ebenfalls im Bronks. Ich saß an der Theke, den Kopf auf eine Hand gestützt, ein Bier in der anderen, und sah mir ein Fernsehprogramm an, in dem es darum ging, daß erwachsene Männer und Frauen gemeinsam mit nicht erwachsenen Jungen und Mädchen – alle bekannt oder auch nicht so bekannt aus verschiedenen Fernsehserien – sich auf irgendeinem Hinderniskurs abmühten. Die Strecke war so lächerlich, daß ein zehnjähriger Schuljunge sie, ohne auch nur ein bißchen außer Atem zu geraten, hinter sich gebracht hätte, aber der Moderator der Show gab so viele bewundernde Ohs und Ahs von sich und stellte den schwitzenden Berühmtheiten so viele fachmännische Fragen, als berichte er über die Olympiade in München. Es war überaus dumm und peinlich, und natürlich war ich fasziniert davon.

»He, entschuldigen Sie«, sagte eine Stimme links von mir. »Sind Sie nicht Bailey? Der Bailey, der für den *Sentinel* schreibt?«

Ich drehte mein Gesicht ein bißchen, um zu antworten, aber ich wußte auch so, wer mich da angesprochen hatte. Sherlock schaffte es immer wieder, Watson zu verblüffen, indem er den Beruf von Leuten aus den Schwielen an ihren Händen oder den Tintenflecken an ihren Manschetten erriet. Meine detektivischen Fähigkeiten bewegen sich auf einer etwas einfacheren Ebene – ein Hauch von Fett und Zwiebeln symbolisiert für mich einen Grillkoch.

»Ich bin Bailey«, sagte ich zu Penn. »Wie haben sich die Oilers am Sonntag geschlagen?«

»Hey?« Offensichtlich hatte er unsere vorausgegangene Unterhaltung völlig vergessen. »Oh, sie haben es den Bengals ganz schön gezeigt. Aber was ich eigentlich sagen wollte: ich möchte ganz gern einmal mit Ihnen reden. Ich habe einen Ihrer Artikel gelesen, und vielleicht habe ich etwas, das Sie interessieren könnte.«

Ich war schon zu lange Polizeireporter – alles in allem seit siebenundzwanzig Jahren –, als daß ich noch den Fehler begangen hätte, mich darüber zu wundern, was ein Grillkoch mir schon

Interessantes erzählen könnte. Einige meiner besten Tips habe ich von völlig fremden Leuten bekommen, die meine Reportagen kannten und mich anriefen, und seit der *Sentinel* gelegentlich zusammen mit meinen besseren Stories ein Foto von mir bringt, erkennt man mich auch manchmal in Bars oder auf der Straße.

Aber, wenn ich es mir jetzt überlege, machte ich damals bei Penn trotzdem einen Fehler. Wenn ich noch einmal in der gleichen Lage wäre, würde ich nicht mehr so kurz angebunden sein, wie ich es an jenem Abend war. Vielleicht wollte ich mir unbedingt den Rest der Armeleuteolympiade im Fernsehen ansehen, oder vielleicht werde ich auch einfach alt. Auf jeden Fall kann man die Geschichte jetzt nicht mehr umschreiben.

»Was meinen Sie damit, vielleicht hätten Sie etwas, an dem ich interessiert sein könnte?« fragte ich. »Ich bin Bailey, ich bin hier, Sie sind da, reden Sie.«

Penn betrachtete mich von oben bis unten und grinste: »Nein, die Zeit ist nicht günstig.« Er hob sein Bierglas, sein Adamsapfel bewegte sich zweimal von oben nach unten, und das Glas war leer. Er stellte es auf die Theke, wischte sich mit dem Handrükken den Mund ab und sagte: »Ich wollte nur wissen, wie Sie in Persona aussehen. Wenn wir uns das nächste Mal hier treffen, können wir uns ausführlich unterhalten.«

Ehe ich etwas sagen konnte, rutschte er von seinem Hocker und ging zur Tür. Er rief Bronk, der am anderen Ende der Theke stand, einen Gruß zu und spazierte hinaus, die Hände in den Taschen seiner weißen Hose.

»Bailey?«

Rasmussen, der meiner Meinung nach der nächste Polizeichef von Riverton werden würde, und der fast immer gemeint war, wenn ich aus »informierten Kreisen« berichtete, war wirklich nicht zu erkennen. Seine Stimme hatte den melodischen Klang eines Bulldozers.

»Ja, Rasmussen, ich bin Bailey. Wer sollte denn sonst an dieses Telefon gehen? Joseph Pulitzer vielleicht?«

»He, der ist echt gut, Bailey. Jedenfalls habe ich was für Sie. Machen Sie sich Notizen?«

»Ja, ich mache Notizen.«

»Okay. Der Verstorbene ist ein männlicher Weißer, sechsundzwanzig Jahre alt, ein Meter siebzig groß, einhundertfünfundachtzig Pfund schwer, braunes Haar, braune Augen, Tätowierung des Namens ›Thelma‹ in einem Herzen an der Innenseite des linken Unterarms, Tätowierung eines bluttropfenden Dolchs mit den Worten ›Crockett, Texas‹ auf dem linken Bizeps.«

Als ich die Beschreibungen der Tätowierungen hörte, klickte es in meinem Kopf. »Und wie ist er gestorben?«

»An zwei Kugeln großen Kalibers. Eine in den Kopf, die andere in den Nacken.«

»Wann und wo wurde die Leiche gefunden?« Es war fast fünf Uhr, und ich fragte mich, ob unsere Konkurrenz, die *Press*, Rivertons Abendzeitung, die Story schon hatte.

»Vor zwei bis drei Stunden. Ein Mitarbeiter der Glover Company – das große Elektronikgeschäft in der Silver Street – trug einen großen Karton weg, der hinter dem Haus in der Gasse stand, und fand den Toten dahinter. Da war er etwa acht Stunden tot.«

»Name?«

»John Robert Penn. Kein Einheimischer. Er hatte einen Führerschein aus Texas in der Tasche, vierzig Dollar und einen Lohnzettel vom Aschenbrödel-Restaurant – mehr oder weniger ein Schnellimbiß in der Eldorado Street.«

Als ich Schnellimbiß hörte, klickte wieder etwas in meinem Kopf. Ich stellte eine Frage, die ich normalerweise nie stellte.

»Wie war der Typ angezogen?«

»Angezogen? Weiß ich gar nicht. Einen Augenblick.«

Ich wartete.

»Bailey?«

»Ja?«

»Der Tote trug eine weiße Hose, ein T-Shirt und weiße Segeltuchschuhe.«

Irgend etwas machte Klick-klick-klick, und es war nicht das Telefon.

Es war nicht viel passiert auf der Welt, und deshalb erschien mein Bericht über den Mord an Penn auf der ersten Seite und erhielt eine größere Schlagzeile als sonst.

TEXANER ERMORDET
Opfer bereits identifiziert

Der Artikel enthielt alles, was ich an Informationen hatte bekommen können. Penn war zwischen neun und elf Stunden tot, als er gefunden wurde, was hieß, daß er gegen vier Uhr morgens ermordet worden war. Niemand hatte die Schüsse gehört oder irgend etwas gesehen. Ich hatte im Aschenbrödel angerufen und mit Richard Hayes, dem Besitzer, gesprochen. Er sagte, Penn habe am Tag vor seinem Tod die Schicht von vier bis Mitternacht gearbeitet. Hayes meinte, er habe keine Ahnung, was Penn danach gemacht hatte. Ich zitierte ihn wörtlich.

»Ich weiß nicht viel über ihn«, sagte Hayes. »Er arbeitete seit etwa zwei Monaten bei mir – ich hatte ein Schild im Fenster, daß ich einen Koch suchte, und er kam rein und bewarb sich. Er sagte, er sei ein erfahrener Koch, und das stimmte auch. Er war ein guter Arbeiter und sehr ruhig. Am liebsten hatte er es, wenn man ihn Jack nannte.«

Hayes sagte, er wisse nichts über Penns Freizeitbeschäftigung oder Freunde. »Es ist mir völlig unerklärlich, weshalb irgend jemand ihn umbringen sollte«, fügte Hayes hinzu.

Das, plus die Information, daß Penn offensichtlich nicht ausgeraubt worden war, daß es keine Anzeichen für einen Kampf gab und daß Penn laut Ermittlungen der Polizei von Riverton keine nahen Verwandten hatte, war auch schon alles, was ich meinen Lesern mitteilen konnte. Ich erwähnte noch, daß das Geschäft, hinter dem Penn gefunden worden war, nur wenige Blocks von seiner Wohnung entfernt lag, in der er seit fünf Wochen gewohnt hatte.

Natürlich las ich alle meine Artikel aus den letzten fünf Wochen noch einmal durch und versuchte herauszufinden, was Penn wohl gelesen haben mochte, denn irgendwoher mußte er ja einen Grund dafür gehabt haben, ausgerechnet mir etwas Interessantes sagen zu sollen. Aber die letzten beiden Monate waren mehr als mager gewesen: eine winzige Unterschlagung, die dem

Bösewicht, einem Angestellten der National-Bank von Riverton, der bereits zweiundzwanzig Dienstjahre hinter sich hatte, ganze achthundert Dollar eingebracht hatte; ein Artikel über den Anstieg von nächtlichen bewaffneten Überfällen auf Spirituosengeschäfte; ein Kommentar, in dem ich mich auf Drängen meines Redakteurs über »sinnlosen Vandalismus« ausließ – als ob es eine andere Art von Vandalismus gäbe –, wobei ich mich auf jüngste Beispiele aus dem College von Riverton und unserem Stadtpark bezog; und ein Artikel über die »Selbstmörderkurve« auf der Bundesstraße südlich der Stadt, die in diesem Jahr bereits mehrere Todesopfer gefordert hatte.

Natürlich hatte ich noch mehr geschrieben, aber bei diesen Artikeln war mein Name nicht angegeben, und Penn hatte also nicht wissen können, daß sie von mir stammten.

»Ich würde mir auch Gedanken darüber machen«, sagte Willis, mein Redakteur, zu mir. »Wahrscheinlich hatte er nichts Außergewöhnliches zu erzählen, aber wer weiß. Als ich selbst noch Reporter war, hielt eine alte Dame mich einmal vor dem Bürgermeisteramt an und gab mir einen Tip, der damals eine Bestechungsaffäre auffliegen ließ. Ihr Sohn arbeitete für eine Baufirma, die einen großen Auftrag bekommen hatte, obwohl sie dem Stadtbauamt keineswegs den günstigsten Kostenvoranschlag vorgelegt hatte. Der Sohn erzählte seiner Mutter, was er zufällig aus einem Gespräch mitbekommen hatte, sie erzählte es mir, und ich brachte die Lawine ins Rollen. Man kann so etwas vorher einfach nie genau wissen.«

»Vielen Dank für das Beispiel«, sagte ich.

Willis lächelte schief, schmierte Klebstoff auf mehrere Fragmente eines Artikels, den er redigiert und in kleine Stücke zerschnitten hatte und jetzt wieder zusammensetzte.

»Aber im Ernst. Vielleicht sollten Sie die Sache vom anderen Ende aufzäumen. Versuchen Sie, so viele Informationen über Penn zu kriegen wie nur möglich, und das dann mit dem in Verbindung zu bringen, was Sie in den letzten Wochen veröffentlicht haben.«

Ich sagte: »Jetzt weiß ich endlich, warum Sie jede Woche einen dicken Gehaltsscheck kriegen.«

Der *Sentinel* verfügte natürlich auch über eine Bibliothek von hoher Qualität. Diese bestand aus einem hölzernen Bücherregal mit zahllosen Brandspuren von Zigaretten, in dem man folgende Werke finden konnte: ein mehrbändiges Konversationslexikon, das ein Supermarkt einmal äußerst günstig auf dem Wühltisch angeboten hatte, ein geographisches Lexikon aus der Zeit, als Istanbul noch Konstantinopel hieß, ein halbes Dutzend »Playboys«, total zerfleddert und ohne die berühmten Faltfotos in der Mitte. Diese hatte sich der Cheffotograf schon längst unter den Nagel gerissen, zwecks fachmännischer Studien in seiner Dunkelkammer; drei Weltalmanache, von denen der jüngste drei Jahre alt war, ein riesiges Wörterbuch, an dem man sich einen Bruch hob, weshalb auch noch niemand es je benutzt hatte, ein Exemplar von Fowlers berühmten *Modern English Usage*, ein Muß für jeden, der etwas mit Sprache zu tun hat, ebenfalls unbenutzt; ein stilistisches Wörterbuch für Journalisten, dekoriert mit zahllosen Ringen von Kaffeetassen; eine Thermosflasche, zwei oder drei Papiertüten, die einmal die Butterbrote unseres Redakteurs enthalten hatten, und sechs Plastiktassen, in denen die ekelerregenden Überreste von Kaffee und Zigarettenkippen schwammen.

Die Bibliothek enthält jedoch ein wertvolles Exemplar, der Beweis, wie sehr die Zeitungsindustrie auf die Zeitungsindustrie fixiert ist: das Handbuch der Zeitungsindustrie. Es ist in Staaten unterteilt, dann alphabetisch in Städte, und darunter findet man ebenfalls in alphabetischer Ordnung alle Zeitungen und Zeitschriften, die in der jeweiligen Stadt erschienen, zusammen mit Auflagenzahl, Besitzer, Anschrift, Name des Chefredakteurs und eine Menge weiterer Informationen in winziger Schrift, die einem die Augen verdirbt.

Ich sah unter Crockett, Texas, nach (Einw. 22415) und fand die lokale Tageszeitung *Chronicle*, deren Chefredakteur Charles Craddock hieß. Ich schwöre es – Charles Craddock vom Crocketter *Chronicle*.

Ich rief Craddock an, stellte mich vor und erzählte ihm von der Ermordung von Jack Penn, während er sich auf der Schreibmaschine Notizen machte. Die Polizei von Riverton, sagte ich, hätte von der Polizei in Crockett erfahren, daß Penn keine engen Verwandten hatte, aber eine Exfrau, Thelma Day, die immer noch in Crockett wohnte. Ich wollte mit ihr sprechen.

»Ich bin schon dabei, im Telefonbuch nachzusehen«, sagte Craddock. »Es gibt drei Days, Moment mal, ich frage beim Einwohnermeldeamt an, wer davon Thelma ist.« Eine Minute später gab er mir die Nummer durch.

»Bailey, ich würde es sehr zu schätzen wissen, wenn Sie mich über die Sache auf dem laufenden hielten«, sagte Craddock. »Wenn Penns Mörder geschnappt wird, rufen Sie mich an, egal ob am Tag oder nachts. In der Zwischenzeit werde ich mich hier umhören und sehen, ob ich über Penn etwas herausfinde, das Sie noch nicht wissen. Lassen Sie uns unsere Informationen austauschen. Wir sind schließlich keine Konkurrenz, und diese Geschichte schlägt alles seit der großen Eröffnung unseres neuen Supermarkts.«

Das Telefon klingelte sehr lange, ehe sie endlich abhob, aber als sie dann schließlich an den Apparat kam, hatte Thelma Day diesen typischen, langgezogenen, weichen texanischen Akzent, den man immer wieder imitiert hört und von dem man einfach nicht glaubt, daß es ihn tatsächlich gibt. Aber sie hatte ihn, und dazu noch ein sehr herzliches Wesen. Die Polizei von Riverton hatte sie bereits angerufen. Sie wußte, daß Penn tot war, aber sie zögerte keine Sekunde lang, alle meine Fragen zu beantworten, und sie schien kein bißchen verärgert zu sein, daß ich soviel ihrer Zeit in Anspruch nahm, trotz der Kinder, die ich im Hintergrund toben hörte. Ab und zu deckte sie den Hörer mit der Hand ab und schrie den Kindern etwas zu.

Das Ergebnis unserer Unterhaltung war, daß sie nicht viel wußte, zumindest glaubte sie das. Sie und Penn heirateten, als Penn seine vier Jahre bei der Marineinfanterie gerade zur Hälfte abgedient hatte. Sie waren schon auf dem College ein paarmal miteinander ausgegangen, und als er zum erstenmal auf Heimaturlaub kam, hatte sie sich in seinen schwankenden Gang, seine Uniform und seine exotischen Erzählungen aus Japan, Guam und Hawaii verliebt.

»Sie dürfen nicht vergessen, daß ich nie aus Crockett herausgekommen bin, bis auf ein paar Fahrten nach Houston«, erklärte sie. »Diese abenteuerlichen Erzählungen warfen mich einfach um.«

Fünf Monate vor Ende seiner Zeit bei der Marine mußte Thelma Penn in San Diego anrufen und ihm sagen, daß seine zwanzigjährige Schwester Joann tot war. Joann studierte am Southeastern Texas State College, einer kleinen Kunstschule in Houston. Sie war aus dem Fenster ihres Schlafraumes im fünften Stock gesprungen oder gefallen. Die Autopsie ergab, daß sie Drogen genommen hatte, und ihr Tod wurde als Unfall erklärt, wahrscheinlich eine Folge des Drogenkonsums.

Joann und ihr Bruder Jack hatten sich sehr nahe gestanden. Ihre Eltern waren tot, und Jack hatte einen Teil seines Solds immer an Joann geschickt und ihr das Studium finanziert. »Sie war nicht wild«, sagte Thelma Day, »aber niemand wußte, mit wem sie in Houston Umgang hatte.«

Jack erhielt Sonderurlaub, um seine Schwester zu beerdigen, und kehrte dann nach San Diego zurück. Als er die Marine dann endlich hinter sich hatte, war die Beziehung zwischen ihm und Thelma empfindlich abgekühlt. Sie sagte, er habe keine Lust gehabt, sich eine Arbeit zu suchen, er habe sie vernachlässigt und die meiste Zeit in Houston verbracht. »Er sagte nur immer und immer wieder, daß er herausfinden müsse, was mit Joann passiert sei«, erzählte Thelma. »Wir konnten von seinem Ausmusterungssold nicht leben, und wenn er von seinen Fahrten nach Houston hierher zurückkam – nun, wir haben uns fast die ganze Zeit gestritten.«

Vor sechs Monaten hatten sie sich dann scheiden lassen, und seitdem hatte sie ihn nicht mehr gesehen.

»Ich habe kurz nach der Scheidung wieder geheiratet«, sagte Thelma. »Wahrscheinlich kann man sagen, daß ich ein heiratsfreudiger Typ bin. Auf jeden Fall, Ernie Day, mein Mann, war Witwer mit drei kleinen Kindern. Sie können im Hintergrund hören, wie sie gerade an den Vorhängen hinaufklettern. Er hat eine gute Stellung hier, und es geht uns prächtig.«

Thelma sagte, sie habe keine Ahnung, weshalb Penn nach Riverton gegangen war, und sie konnte sich auch nicht vorstellen, aus welchem Grund irgend jemand ihn hätte umbringen wollen. »Jack hat noch nie jemandem etwas Böses getan«, sagte sie mit echter Traurigkeit. »Als Joann starb, hat er jeden Ehrgeiz verloren –« Ihre Stimme verlor sich in einem Seufzen.

Ich dankte ihr und sagte, ich wünsche ihr und ihrem Mann viel Glück. Ich meinte es auch. Ehe ich einhängte, fragte ich sie, ob sie ein Foto von Jack habe. Sie versprach mir, es mir gleich zu schicken.

Als nächstes rief ich Jerry Quinn an, den Leiter der Mordkommission von Riverton, und gab ihm alle Informationen, die ich von Thelma Day erhalten hatte. Meine Informationen waren genau identisch mit denen, die sie der Polizei bereits gegeben hatte. Quinn sagte, die Polizei untersuche noch einmal die Umstände von Joanns Tod in Houston in der Hoffnung, eine Verbindung zwischen dem Unglücksfall und Penns Erscheinen in Riverton herstellen zu können. Er sagte, die Durchsuchung von Penns Zimmer habe nichts ergeben – nur seine Kleidung und andere persönliche Dinge, einen Stapel Zeitschriften und Taschenbücher und etwas Literatur vom College in Riverton – keine Briefe oder Notizen oder sonstige Hinweise darauf, weshalb und wann er nach Riverton gekommen war und was er hier vorgehabt hatte. Im College wußte niemand, welche Kurse er besucht hatte, und die Bücher, die man bei ihm gefunden hatte, waren allgemeines Informations- und Einführungsmaterial, wie es im Büro des College zum freien Gebrauch auslag.

Penn war mindestens einmal auf dem Campus gewesen. Quinns Leute hatten im Handschuhfach seines blauen Pinto, Baujahr 1973, eine Parkerlaubnis des Riverton College gefunden, zusammen mit einer Karte des Campusgeländes. Das Auto hatte auf dem Parkplatz hinter Penns Haus gestanden. Es hatte texanische Nummernschilder und dreiundsechzigtausend Meilen auf dem Tacho.

Ich rief Craddock in Crockett an – die Kombination faszinierte mich einfach – und gab ihm eine Zusammenfassung der Informationen von Thelma Day und Jerry Quinn.

»Glauben Sie, daß Penn nach Riverton gegangen ist, weil er etwas über den Tod seiner Schwester herausgebracht hat?« fragte Craddock.

»Es wäre möglich, aber ich kann mir einfach nicht vorstellen, was das gewesen sein könnte«, sagte ich. »Thelma sagte jedoch, Jack habe ständig nur über den Tod seiner Schwester nachgegrübelt.« Ich erzählte Craddock weiter, daß unsere Mordkommission eine neue Untersuchung im Southeastern Texas State College beantragt habe, und fragte ihn, ob er weitere Einzelheiten über den Tod von Joann Penn und über Jack Penns Suche am College herausfinden könne.

»Ich war noch nie auf diesem Campus«, sagte Craddock, »aber ich weiß, wo er ist. Ich denke, ich werde morgen früh mal hinfahren und mich umhören. Ich rufe Sie an, falls ich etwas Wichtiges hören sollte.«

Ich las meinen Artikel noch einmal. Penn war also mindestens einmal im Campus von Riverton gewesen, hatte sich Einführungsliteratur mitgenommen und die Parkerlaubnis bekommen. Ich hatte in den letzten beiden Monaten nur einmal über das College geschrieben, als es um den »sinnlosen Vandalismus« ging. Mehrere Büros der Chemischen Fakultät waren damals aufgebrochen, Aktenschränke waren umgekippt, Schreibtische durchsucht worden, und ein Wort, das wie HOG aussah, war in Riesenbuchstaben an die Außenwand des Gebäudes gesprüht worden, eine recht übliche Beschimpfung in unserer Gegend, wo eine bestimmte Schweinerasse dieses Namens gezüchtet wird. Die Polizei hatte den Vorfall untersucht und war zu dem Schluß gekommen, daß die Vandalen wahrscheinlich nach Examensunterlagen gesucht, sie aber nicht gefunden und sich damit zufriedengegeben hatten, die Büros für ein paar Tage unbenutzbar zu machen.

Connie Oates, der bei uns für Erziehung und Kultur zuständig ist, hatte den Vandalismusvorfall im Auge behalten, aber die Polizei hatte bis jetzt nicht feststellen können, wer die Schuldigen gewesen waren.

Ich fragte mich, ob Penn vielleicht der Vandale gewesen sein könnte. Und falls ja, nach was hatte er gesucht? Warum hatte er eine Farbsprühdose mitgenommen, wenn er nur nach etwas gesucht hatte? Nichts schien zueinander zu passen.

Mein folgender Artikel über den Penn-Mord, der am Freitag erschien, war eine reine Wiederholung des ersten, nur erweitert um die wenigen Informationen, die ich von Leutnant Quinn erhalten hatte. Für die üblicherweise dünne Samstagsausgabe schrieb ich eine kurze Nachricht des Inhalts: »Nach Mitteilung der Mordkommission von Riverton gibt es im Fall Penn keine weiteren Hinweise«, und ließ es damit gut sein.

Wills befand sich gerade in einer Redaktionssitzung, als ich die Zeilen, zusammen mit ein paar anderen Artikeln, in den Drahtkorb auf seinem Schreibtisch legte. Am Nebenschreibtisch saß Tanner, Willis Assistent, und schnipselte mit einer riesigen Schere die Artikel aus unserer Konkurrenzzeitung *Press* aus, die von unseren Reportern weiterverfolgt werden sollten.

Tanner raucht Zigaretten, aber er ist ein begeisterter Liebhaber meiner Pfeife. Als der Duft meines aromatischen Tabaks ihm in die Nase stieg, ließ er, ohne auch nur aufzublicken, einen seiner Standardpfeifenwitze los: »Was rauchst du denn heute? Karamelbonbons?«

Auf Tanners Witze einzugehen heißt nur, ihn zu ermutigen, also sagte ich nur: »Richte Willis aus, daß ich auf dem Weg zu Hayes bin, dem Besitzer des Schuppens, in dem Penn arbeitete. Und sag ihm, daß ich mit ihm über meinen Sonntagsartikel reden will.«

Das einzige, was Hayes dem hinzufügen konnte, was er mir bereits am Telefon erzählt hatte, war, daß Penn ungewöhnlich entspannt gewirkt hatte, als er sich am Tag seines Todes um vier Uhr zur Arbeit meldete.

»Er war eigentlich mehr der nervöse Typ«, sagte Hayes und stellte eine Tasse Kaffee vor mich auf den Tisch. Der Besitzer des Aschenbrödels war groß und haarig, trug ein schreiend buntes Hawaiihemd und zerknitterte Hosen. Er hatte eine Lücke zwischen den Vorderzähnen und trug das Haar zur Seite gescheitelt. »Jack hat nie viel geredet, und wir hatten kaum etwas miteinander zu tun. Er war ein guter Koch und ein fleißiger Arbeiter, aber mit den Gedanken war er immer woanders. Als er letzten Dienstag zur Arbeit kam, schien er, nun, wie soll ich sagen, lockerer. Wir haben sogar ein bißchen miteinander geredet und Kaffee getrunken. Ich bin wie immer um fünf gegangen, und das war das letzte Mal, daß ich ihn gesehen habe.«

Hayes sagte, die Unterhaltung beim Kaffee habe sich um Fußball und das Wetter gedreht. Er sagte, er habe Penn nie gefragt, was er eigentlich in Riverton mache. Nach dem verblaßten, mit Fliegendreck und Fettflecken übersäten »Koch-gesucht«-Schild zu urteilen, das jetzt wieder im Fenster hing, war Heyes es gewöhnt, immer wieder Leute einzustellen, die nicht lange genug blieben, um aus der Kocherei eine Karriere machen zu können.

Leo Nagursky, der Bronk von Bronks Kneipe, hatte auch bei der Kriegsmarine gedient, und er sagte, er habe nur einmal mit Penn geredet, als er das erste Mal im Lokal aufgetaucht sei.

»Er trank immer Faßbier«, sagte Leo, »und ich habe ihm als neuem Gast zwei Gläser ausgegeben. Ich wußte, daß er noch nicht lange wieder im Zivilleben sein konnte. Die weiße Hose, die er trug, gehört zur Dienstuniform. Wir redeten ein bißchen über unsere Erfahrungen, ein bißchen über Fußball – er war Oiler-Fan –, und das war's auch schon. Ich frage die Leute nicht gern aus, deshalb weiß ich auch nicht viel von ihm, nur daß er aus Texas stammte, vier Jahre bei der Marine gedient und dort als Koch gearbeitet hatte. Ich fragte ihn, ob er sich eventuell wieder bei der Marine einschreiben wolle, und er meinte, er hätte auch schon daran gedacht, habe aber im Augenblick noch etwas Wichtigeres vor. Ich weiß noch, daß ich mich wunderte, was daran so wichtig sein konnte, als Koch in einem billigen Restaurant zu arbeiten.«

Am Samstagmorgen kaufte ich mir in einer Bäckerei drei Pfannkuchen und nahm sie mit ins Büro, um zu frühstücken.

Mit der Post kam das Foto, das Thelma Day mir zu schicken versprochen hatte. Ich setzte mich an meinen Schreibtisch, Kaffee und Pfannkuchen neben mir, und dachte mir einen Titel aus für den Penn-Artikel, den ich für unsere dicke Sonntagsausgabe schreiben wollte. Neuigkeiten waren mir keine bekannt, und ich konnte auch nicht wissen, was der Tag noch bringen würde. Also so fing ich zu schreiben an:

»Niemand weiß, weshalb Jack Penn, Exseemann aus Crokkett, Texas, vor fünf Wochen nach Riverton kam. Niemand weiß, welcher Anlaß ihn hierherbrachte, und bis jetzt weiß auch noch niemand – außer natürlich sein Mörder –, weshalb er hier in den frühen Morgenstunden des letzten Mittwochs ermordet wurde.

Niemand hörte ein Geräusch oder sah etwas, aber zwischen vier und fünf Uhr morgens, in einer Gasse hinter der Merchant Street, jagte jemand zwei Kugeln vom Kaliber 38 in Jack Penns Schädel und Nacken.«

Als nächstes deckte ich Penns Armeezeit ab, seine kurze Ehe, den tragischen Tod seiner Schwester durch einen Sprung oder Sturz aus dem Fenster, wobei sie höchstwahrscheinlich unter Drogeneinfluß stand, Penns Verschwinden aus Crockett, sein Auftauchen in Riverton und seine Anstellung im Restaurant. Ich zitierte Thelma Day, Richard Hayes, Leutnant Quinn von der Mordkommission und Leo Nagursky.

Ich brachte den Artikel zu Willis und sagte ihm, ich hätte vor, zum Schluß mein eigenes Erlebnis mit Penn in Bronks Kneipe zu schildern, die geheimnisvolle Bemerkung, die er über einen meiner letzten Artikel gemacht hatte, meine Suche, welchen Artikel er gemeint haben könnte, und meine Idee, daß es einen Zusammenhang zwischen Joann Penns Tod in Houston, Jack Penns Auftauchen in Riverton und seinen Besuchen im College von Riverton geben könne.

Willis überflog den Artikel und gab ihn mir zurück. »Hast du ein neues Foto?« fragte er mich. Wir hatten bereits Penns Führerscheinfoto veröffentlicht.

»Ich habe einen Schnappschuß von der Hochzeit von Thelma und Jack Penn«, sagte ich. »Es ist verwendbar.« Es war sogar besser, als ich erwartet hatte. Es war durchaus möglich, daß jemand ihn darauf erkennen und sich mit weiteren Informationen an uns wenden würde.

Ehe ich mich wieder an die Schreibmaschine setzte, rief ich Charlie Craddock an. Er war in Houston, wurde aber demnächst zurückerwartet. Ich hinterließ eine Nachricht für ihn.

Als Craddock und ich unser Telefongespräch später beendeten, hatten wir festgestellt, daß wir uns sehr sympatisch waren, und wir versprachen uns, uns bald einmal zu treffen, entweder hier oder bei ihm.

Er hatte die Leitung des *Chronicle* am Freitag seinem Assistenten übergeben und den größten Teil des Tages am Southeastern Texas State College verbracht, wo er auf zwei wichtige Informationen gestoßen war. Erstens: Joann Penn war unter dem Einfluß einer durchaus bekannten Droge gestorben, PCP, dem vielbeschriebenen »Engelsstaub«; zweitens: Penn hatte sich auf dem Campus unbeliebt gemacht, indem er Studenten, Sicherheitspersonal, Fakultätsmitglieder und jeden anderen, den er sich greifen konnte, mit Fragen überhäufte, um herauszufinden, wer der Dealer war.

Craddock hatte zwei Studenten aufgetrieben, die mit Penn gesprochen hatten. Sie hatten Penn gesagt, daß Joann und einige ihrer Freunde mit Drogen zu tun hatten, entweder als Käufer oder als Pusher. Die Studenten sagten, es sei möglich, daß Penn eine Spur gefunden habe, obwohl sie das eher bezweifelten und sich weigerten, Craddock irgendwelche Namen zu nennen. Weiter sagten die Studenten, daß der Markt von PCP überschwemmt sei.

»Jetzt wissen Sie auch, was die Farbsprühdose sollte«, sagte Craddock, »und denken sicher genau dasselbe wie ich. Wir beide haben eine tolle Story für unsere Sonntagsausgabe. Haben Sie eigentlich die Möglichkeit, im Riverton College festzustellen, ob irgend jemand sich von Houston hat dorthin versetzen lassen? Wenn Sie jemanden finden, dann können Sie ihr Monatsgehalt darauf verwetten, daß Penn ihn auch gefunden hat.«

Ich sagte Charlie, ich würde mich in ein paar Stunden wieder bei ihm melden.

Nach dieser Unterhaltung begann das Puzzle Konturen anzunehmen. Wenn man für eine Zeitung arbeitet, muß man über Drogen Bescheid wissen, und ich hatte einen ganzen Artikel voller Informationen über Rauschgift: Regierungsbroschüren, Ausschnitte aus wissenschaftlichen Zeitschriften und so weiter. PCP war nichts Neues. Ursprünglich diente es als Beruhigungsmittel für Vieh und wird immer noch von einigen Tierärzten verwendet. Je nach Menge der Dosis wirkt es als starkes Beruhigungs- oder Stimulierungsmittel auf das zentrale Nervensystem. Es ist sehr vielseitig verwendbar. Man kann es essen, injizieren, schnüffeln oder auf Tabak, Gras, Oregano oder Pfefferminzblätter streuen und rauchen.

Seine Wirkung ist ebenfalls vielseitig. Man kann davon Halluzinationen bekommen, eine schwer zu beschreibende Übersensibilität oder eine schizoide Psychose. Man kann sich unter dem Einfluß von PCP die Augen auskratzen, ohne Schmerzen zu empfinden, die Pulsadern aufschneiden, oder sich selbst oder jemand anderen umbringen.

Aus einem Fenster zu springen war durchaus ein Wunsch, der von PCP hervorgerufen werden konnte, und Joann Penns Tod war nicht der erste, der unter diese Kategorie fiel. Das Zeug wurde erstmals Anfang der fünfziger Jahre in dem Staaten als Betäubungsmittel verwendet, aber sein Potential für Horror führte dazu, daß es 1965 wieder vom Markt gezogen wurde.

Zwei weitere Fakten über PCP: Jeder, der eine chemische Formel lesen und sich die Zutaten besorgen kann, kann es fässerweise herstellen. Und zu den Spitznamen, mit denen es belegt wurde, gehörte außer »Engelsstaub« und »Raketensprit« auch einer, den ich entweder nicht gekannt oder wieder vergessen hatte und an den Craddock mich erinnern mußte. PCP ist auch als »Hog« bekannt.

Connie Oates ist, wie ich bereits erwähnt habe, für Erziehung und Kultur verantwortlich, eine große, liebenswerte Frau, die mit dem *Sentinel* verheiratet ist und selbst aus einer langweiligen Elternversammlung noch eine Schlagzeile machen kann. Es war Samstag, und zwar schon ziemlich spät, keine gute Zeit, um am College etwas erledigen zu wollen, aber Connie schaffte es, einen Freund aufzutreiben, der im Personalbüro des Riverton College arbeitete. Wie Craddock vorgeschlagen hatte, wollten wir die Fakultätsmitglieder überprüfen, angefangen natürlich bei der Chemischen Fakultät, um herauszufinden, ob kürzlich jemand vom Southeastern Texas State College übernommen worden war.

Zehn Minuten später rief Connies Freund an. Nichts. Und eine Stunde später gab er durch, was er bei der Überprüfung sämtlicher Collegeangestellten festgestellt hatte – nichts.

»Wollen wir doch einmal überlegen, Bailey«, sagte Connie zu mir, als sie mein enttäuschtes Gesicht sah. »Die Vandalen verwüsteten damals die Büros der Chemischen Fakultät. Die

Schrift an der Wand befand sich ebenfalls am Gebäude der Chemischen Fakultät. Es muß sich um eine Warnung gehandelt haben. Falls nicht, hätte Pen oder wer auch immer ja auch den Namen einer Person auf die Wand sprühen können. Oder gleich über den Schreibtisch der betroffenen Person, und nicht an eine so neutrale Stelle. Offensichtlich fand Penn nicht das, was er suchte. Er warf die Papiere auf den Boden, durchsuchte alle Schreibtische und sprühte HOG draußen an die Wand, weil er der betreffenden Person klarmachen wollte, daß er sie suchte.«

Ich warf meine Gedanken auch in den Topf. »Okay, aber wir haben die Fakultät überprüft. Weshalb durchsuchte Penn die Chemische Fakultät? Weil er in Houston herausgefunden hatte, wer der Dealer war, der seine Schwester beliefert hatte, und ihm bis hierher gefolgt war. Er muß gewußt haben, daß der Dealer irgend etwas mit der Chemischen Fakultät hier zu tun hat. Warum hätte er sich sonst ausgerechnet diese Fakultät ausgesucht? Und warum hätte er sonst eine Sprühdose mitgenommen und HOG an die Wand geschrieben?«

Connie nickte. »Penn rechnete damit, daß er den Dealer mit diesem Wort aufschrecken würde. Es war mehr als unwahrscheinlich, daß außer ihm noch jemand wußte, was es zu bedeuten hatte.«

»Aber wenn es kein Dozent war, wer dann sonst?« fragte ich.

Connie nahm sich einen meiner Pfannkuchen und biß ab.

»Vielleicht ein Hiwi«, sagte sie.

»Ein was?«

»Ein wissenschaftlicher Hilfsassistent. Meistens handelt es sich dabei um graduierte Studenten, die an ihrer Doktorarbeit schreiben. Sie helfen beim Auswerten von Arbeiten, halten Stunden ab und übernehmen manchmal sogar Seminare.«

»Haben sie ein Büro?«

»Nein, aber sie haben Zugang zu dem Büro des Professors, für den sie arbeiten. Sie können dort ihre Papiere ablegen und in dem Büro auch arbeiten und so weiter.«

»Kannst du deinen Freund dazu bringen, die Hiwis in der Chemischen Fakultät zu überprüfen?«

Sie saß schon am Telefon und wählte.

Es gibt eine ganze Menge Dinge, die man eigentlich über Studenten eines College nicht erfahren durfte, weil es sich um persönliche Informationen handelt, die das College nicht herausrückt, aber Connie Oates bekam, was ich brauchte.

Der Name des Mannes lautete Albert Moorehead. Er stammte aus Houston, hatte am Southeastern Texas State College studiert und sein Examen in Chemie gemacht. Er hatte Texas vor neun Tagen verlassen, fünf Monate nach Joann Penns Tod und sehr kurz nachdem Jack Penn nach Hause gekommen war und angefangen hatte, nach Joanns Dealer zu suchen. Kurze Zeit nach seinem Verschwinden aus Houston tauchte Moorehead in Riverton auf und bekam den Job an der Chemischen Fakultät.

Connie quetschte aus ihrem Freund sogar die Adresse von Moorehead heraus, und ich rief Jerry Quinn an und erzählte ihm alles, was ich durch Connie Oates und den Mann erfahren hatte, dessen Nummer ich jetzt wählte.

Rasmussen rief mich zwei Stunden vor Redaktionsschluß an. »Quinn hat gesagt, ich solle Sie anrufen, Bailey. Moorehead hat sich vor ein paar Tagen aus dem Staub gemacht. Seine Wohnung ist leer, und sein Professor sagt, daß er ihn schon seit letztem Dienstag nicht mehr gesehen hat. Das war also am Tag, bevor Penn umgelegt wurde. Schreiben Sie alles mit?«

»O ja, das tue ich«, sagte ich.

»Quinn meinte, ich solle Ihnen sagen, daß unsere Überprüfung von Moorehead einige interessante Dinge zum Vorschein gebracht hat, einschließlich zweier Verhaftungen an der Grenze wegen Dealens.«

»Sonst noch etwas?« fragte ich.

»Nichts. Außer daß Quinn gesagt hat, ich solle Ihnen ausrichten, daß wir eine Fahndung nach Moorehead losgelassen haben. Wahrscheinlich wird es nicht schwer sein, ihn zu finden.«

»Sagen Sie Quinn meinen herzlichen Dank.« Ich wollte einhängen.

»He, Bailey, lassen Sie mich noch etwas fragen. Warum hat Quinn *mich* gebeten, Sie anzurufen und Ihnen das alles zu erzählen? Glauben Sie, daß er dahintergekommen ist, daß ich

Ihnen manchmal Informationen zustecke?«

»Vergessen Sie es, Rasmussen«, sagte ich tröstend. »Es ist sicher nur ein Zufall.«

Am Sonntagmorgen erschien meine Story zusammen mit meinem Namen unter einer riesigen Schlagzeile. Ich machte keinen Versuch, die Leser davon zu überzeugen, daß der Mord an Jack Penn gelöst sei. Ich brauchte nur die Fakten und ein paar Spekulationen aus dem Mund von informierten Leuten wie zum Beispiel Leutnant Quinn von der Mordkommission.

Am Sonntag rief ich Charlie Craddock von zu Hause aus an, und wir verglichen erneut unsere Notizen. Ich las ihm meine Story vor, er mir seine, und wir bewunderten uns gegenseitig.

Er sagte, daß er nach Redaktionsschluß um Mitternacht einfach nicht hätte schlafen können. Die halbe Nacht lang hielt er seine Frau wach und erzählte ihr alles über den Fall. »Wissen Sie, Bailey, das habe ich schon seit Jahren nicht mehr gemacht. Was haben Sie eigentlich nach Redaktionsschluß getrieben?«

Ich sagte ihm, daß ich Connie Oates zum Essen ausgeführt hätte, und noch einiges mehr über sie. »Aber, alter Freund, das werde ich Ihnen alles genauer erzählen, wenn ich auf einen Drink nach Texas runterkomme. Dann können wir auch ein Glas in Erinnerung an Jack Penn trinken – der versuchte, etwas Gutes zu tun.«

Originaltitel: A DEAL IN DUST. 3/80

Isabel Langis Cusack

Das Medium

»Hauptsächlich bin ich an meinem Gesundheitszustand interessiert«, teilte Leon Swain dem Medium mit. »Ich möchte gern herausfinden, wie es damit bestellt ist.«

Die Frau, die ihm an dem Eßtisch aus furnierter Eiche gegenübersaß, betrachtete forschend sein Gesicht. »Alles zu seiner Zeit, alles zu seiner Zeit. Soll ich die Sitzung für Sie auf Tonband aufnehmen? Das kostet zwei Dollar extra.«

»Gute Idee. Tun Sie es auf jeden Fall.« Er hatte vergessen, den Diamantring abzunehmen, den er am kleinen Finger trug. Heimlich zog er ihn jetzt unter dem Tisch ab.

»So«, sagte sie, nachdem sie die Kassette eingelegt und das Gerät eingeschaltet hatte. »Wie alt sind Sie? Vierundvierzig? Fünfundvierzig?«

»Neunundvierzig«, sagte er geschmeichelt.

Sie nickte. Dann schloß sie die Augen und saß eine Weile schweigend da. Leon überlegte, ob er etwas sagen sollte, entschied sich dann aber dagegen. Sein Freund Colin hatte ihm eingeschärft, nichts zu verraten, dem Medium nicht von sich aus irgendwelche Hinweise zu geben. »Du mußt aber die Wahrheit sagen, wenn sie dich fragt«, hatte Colin gesagt. »Wenn du das nicht tust, und sie versteht ihr Geschäft, wird sie dich dabei erwischen.« Colin hatte in solchen Dingen Erfahrung, aber Leon hatte bis jetzt nie viel von Wahrsagern und ähnlichem gehalten. Nur die Verzweiflung hatte ihn hierhergetrieben. Die Verzweiflung und die Schmerzen.

Er sah sich verstohlen im Zimmer um. Es war ein altmodisches, üppig möbliertes und offensichtlich oft benutztes Eßzimmer, und er fragte sich, was wohl hinter dem Wandschirm in der Ecke verborgen war oder unter dem Stapel von Kleidungsstükken auf der Nähmaschine. Aber er durfte nicht übermäßig mißtrauisch sein. Sie war ihm von mehreren Stellen empfohlen worden, hatte einen guten Ruf und würde sicher nicht auf billige Tricks zurückgreifen.

»Wer ist Roberta?« fragte sie und riß ihn aus seinen Überlegungen. »Und würde es Ihnen etwas ausmachen, die Sonnenbrille abzunehmen?«

»Oh, entschuldigen Sie.« Er steckte die Brille in die Brusttasche. Im Zimmer war es zu düster, als daß Sie aus seinen Augen etwas Verräterisches hätte herauslesen können. Ihre eigenen Augen, die fest auf ihm ruhten, waren groß und klar. Sie war eine kräftige, recht attraktive Frau. Keiner hätte vermutet, daß sie sich mit Okkultismus befaßte.

»Roberta«, wiederholte sie.

Er überlegte. Roberta Spelvin, seine Flamme aus dem dritten Semester? Zu seiner Zeit als Kirchenrat war eine Frau namens Roberta ebenfalls Mitglied gewesen. Ihren Nachnamen hatte er vergessen. Laut Briefkasten wohnte jemand namens Bobby Lee Fielding im selben Haus wie er, aber er wußte noch nicht einmal, ob es ein Mann oder eine Frau war. Und sie konnte doch sicher nicht Dr. Fertigs Sprechstundenhilfe meinen? Hieß sie Roberta – oder Ruth?

»Ich kenne mehrere Robertas«, sagte er ausweichend.

Sie nickte knapp und energisch. »Sie werden jemanden namens Roberta kennenlernen, der großen Einfluß auf Ihr Leben haben wird. Sie werden sie ziemlich bald kennenlernen. Ah – ich sehe eine dunkelhaarige Frau. Nicht Roberta, eine andere Frau. Ich mag sie nicht.« Sie schauderte auf sehr überzeugende Art ein bißchen zusammen. »Sie ist nicht so, wie sie zu sein vorgibt. Wissen Sie, wer das sein könnte?«

Fast mußte er lächeln. Er hatte viele dunkelhaarige Frauen gekannt, die nicht das waren, was sie zu sein schienen. Er hoffte, daß sie ihn mit nichtssagenden Allgemeinplätzen abspeisen würde. Aber nein, das war nicht fair. Er mußte ihr eine Chance geben.

»Ich – glaube schon«, schwindelte Leon. Schließlich wollte er nicht unkooperativ sein.

»Haben Sie etwas mit Medizin zu tun?«

»Mit – Wenn Sie damit meinen, ob ich Arzt bin – nein. Ich bin –« Fast hätte er gesagt: »pensionierter Buchhalter«, aber er hielt sich im letzten Augenblick zurück. Colins Warnung, nicht allzuviel preiszugeben, hallte ihm noch im Ohr, und außerdem war eine Pensionierung in seinem Alter schon ein bißchen ungewöhnlich.

Ihre nachgestrichelten Augenbrauen hoben sich. »Ja?«

»Das müssen Sie selbst herausfinden«, sagte er. Eigentlich hatte es scherzhaft klingen sollen, aber es hörte sich zurückhaltend und verschlossen an.

Sie lächelte nur. »Sie waren eins von drei Kindern.«

»Leider war ich ein Einzelkind.« Es wäre ihm lieber gewesen, er hätte ihr nicht widersprechen müssen, aber das leider schwächte den Widerspruch wenigstens etwas ab.

Wieder nickte sie, als hätte sie das gewußt. »Ich sehe zwei Personen – keine Kinder. Ihre Eltern. Ihre Eltern sind beide im Geiste?«

»Im Geiste?«

»Sie würden tot sagen.«

»O ja, das sind sie.« Er war erleichtert, daß er ihr recht geben konnte.

»Könnte Ihre Mutter zwei Kinder verloren haben? Vielleicht noch bevor Sie geboren wurden?«

»Es wäre möglich. Ich erinnere mich daran, daß sie sehr krank war, als ich fünf oder sechs Jahre alt war. Sie sprach nie darüber. Es hätte eine Fehlgeburt sein können.« Er gab der Frau zu viele Informationen, aber er wollte, daß sie recht hatte.

Sie stützte die Ellbogen auf den Tisch und legte die Fingerspitzen gegeneinander. Als sie die Stirn an die Fingerspitzen lehnte, sah er, trotz des trüben Lichts, daß ihr blondes Haar an den Wurzeln dunkel war. Er lächelte. War sie vielleicht auch eine dunkelhaarige Frau, die nicht das war, was sie zu sein schien?

»Wie ist Ihr Vater gestorben?«

Sein Lächeln verschwand. Als er nicht antwortete, hob sie den Kopf und sah ihn an. »Es ist nicht so wichtig. Sie brauchen es mir nicht zu sagen.«

»Auf jeden Fall«, sagte er ziemlich scharf, »bin ich nicht wirklich interessiert an – an denen, die nicht mehr unter uns sind. Mir wurde gesagt, daß Sie eine gute Diagnostikerin sind. Ich habe diese Schmerzen –«

»Natürlich. Aber der Geist kann nicht unter Druck gesetzt oder gegängelt werden. Ihre Mutter – so ein gutes Gesicht! Trug sie eine blau-weiß-gestreifte Bluse?«

Leon rutschte unruhig auf seinem Stuhl hin und her. »Ich kann mich nicht erinnern.« Hatten nicht alle Mütter gute Gesichter? Und wahrscheinlich auch blau-weiß-gestreifte Blusen?

»Sie haben eine Reise vor, sehe ich. Nicht unbedingt eine lange oder teure Reise. Vielleicht nur ein kurzer Ausflug.« Er reagierte nicht darauf, aber sie gab nicht auf. »Ich empfange diesen plötzlichen Impuls. Sie entscheiden wie aus heiterem Himmel«, sie schnipste mit den Fingern, »sich auf den Weg zu machen. Eine kleine Luftveränderung. Das gefällt mir. Ich mag Ihre Impulsivität.«

Sein Gesicht verriet nichts von dem, was er dachte, aber innerlich begann er böse zu werden. Er hatte keine Reise vor, er hatte in seinem ganzen Leben noch nie etwas Impulsives getan, und es war ihm völlig egal, was sie mochte oder nicht. Aber ihr Blick hielt ihn fest, und er brachte ein kleines, ermutigendes Lächeln zustande. Es würde ihm nichts bringen, wenn er abweisend und feindselig zu ihr war.

Sie beugte sich zu ihm vor. »Eine Investition«, flüsterte sie. »Sie könnten kurz davor stehen, eine ungünstige Investition zu tätigen. Ich sage nicht, daß Sie Geld verlieren werden. Sie können entweder Geld verlieren oder gewinnen, aber diese Investition zieht andere, unangenehme Aspekte nach sich, die das Ganze nicht lobenswert erscheinen lassen. Ich glaube, daß Sie wissen, was ich meine.«

»Ich trage mich nicht mit dem Gedanken, eine Investition zu tätigen«, sagte er.

»Nein, natürlich nicht«, sagte sie, und ihre großen Augen blitzten. »Weil das alles schon in der Vergangenheit liegt. Ich sehe jetzt, daß Sie es schon getan haben. Nicht erst kürzlich, aber auch nicht vor allzulanger Zeit. Und es hat Ihnen viel Kummer bereitet.« Er war der Meinung, sein Gesichtsausdruck hätte sich nicht geändert, aber sie mußte dennoch ein winziges Zucken bemerkt haben, denn sie fuhr fort: »Nein, nicht Kummer. Kummer ist ganz falsch. Es war Ärger. Aber es ging um viel Geld. Habe ich recht?«

»Ich – gewissermaßen.«

»Warten Sie! Warten Sie! Ich sehe eine Wolke um dieses Geld. Ich sehe eine schwarze Wolke.«

Leon richtete sich kerzengerade auf. Er wünschte sich, er hätte die Sonnenbrille nicht abgenommen.

»Ich sehe Tod.« Ihre Brust hob und senkte sich heftig, und ihre Augen blieben starr auf einen Punkt dicht über seinem Kopf gerichtet. »Ich sehe einen Todesfall in Zusammenhang mit diesem Geld.« Sie sah ihm fest in die Augen. »Sie haben dieses Geld geerbt.«

Leon schluckte. »Ja, es gab einen Todesfall. Ich habe etwas Geld geerbt.«

»Natürlich«, sagte sie lächelnd. »Aber genug davon. Ich spüre, daß diese Sache Sie schmerzt. Ich möchte Ihnen keinen Schmerz bereiten. Ich spüre ein G. Den Buchstaben G. Gibt es in Ihrer Umgebung jemanden, dessen Name mit G anfängt?«

Leon seufzte. Kannte nicht jeder Mensch irgend jemanden, dessen Name mit G anfing? Sie befand sich wieder auf dem sicheren Boden der Nebelhaftigkeit, aber das war besser als ihr Tasten in heiklen Bereichen. Entweder konnte sie ausgezeichnet raten, oder aber sie kannte sich hervorragend in der Körpersprache aus. Er mußte vorsichtiger sein.

»Mein Vetter Gavin. Und ich kenne ein paar Frauen, deren Name mit G anfängt. Der Portier in meinen Klub heißt Gunnar. Ich spiele Schach mit einem Bekannten namens Gross.«

Ihr Kopf bewegte sich hin und her, ihre Augen waren ins Nichts gerichtet. »Gerda? Gerta? Nein, wir werden später darauf zurückkommen. Ihr Vetter ist sehr krank.«

»Mein Vetter starb vor vier Jahren.«

Sie nickte zufrieden, als hätte er einen Test bestanden. »Ich sehe eine lange Krankheit, ein allmähliches Schwinden der Kräfte, Blässe. Ein Krankenhauszimmer, Blumen, Krankenschwestern. Ah, es ist so traurig. So jung zu sterben.«

Leon seufzte. »Gavin kam bei einem Autounfall ums Leben. Er war niemals krank, bis auf Masern und eine Lungenentzündung als Kind.«

Die ausdrucksstarken Augen wurden plötzlich ganz kalt. »Lungenentzündung, wie ich es Ihnen gerade in Einzelheiten beschrieben habe. Ich habe nicht gesagt, daß er tatsächlich daran gestorben ist.«

»Es tut mir leid.«

»Ich sehe ein Haus auf dem Land. Ein Haus mit einem Zaun darum herum, ein Mann, der den Rasen mäht. Blumenkästen, Geranien. Erkennen Sie das Bild?«

Zwanzig Dollar, plus zwei weitere Dollar für ein Tonband, das ich vernichten werde, dachte er. Höflich sagte er: »Ich bin sicher, daß ich ein solches Haus schon einmal gesehen habe.«

»Aber Sie sind nicht in diesem Haus aufgewachsen? Der Mann ist nicht Ihr Vater?« Ihre Stimme klang ungläubig, vorwurfsvoll, und er fühlte sich richtig schuldbewußt, als er den Kopf schüttelte.

»Mein Vater hat niemals einen Rasen gemäht. Die einzige körperliche Tätigkeit für ihn bestand darin, mit einem Motorrad über die Farm zu rasen.« Er lachte, aber das Lachen war bitter.

»Sie besitzen Kreativität!« rief sie. »Ein Klavier – Sie spielen Klavier!«

»Cello«, sagte er.

»Sie haben Talent fürs Klavierspielen. Sie müssen unbedingt Unterricht nehmen.« Wieder beugte sie sich vor. »Ihr Mund. Ihr armer Mund.« Sie tippte mit einem blutroten Fingernagel an ihre mollige Wange. »Hier. Sie sollten zum Zahnarzt gehen. Vielleicht tut es jetzt noch nicht weh, aber warten Sie nicht länger.«

»Ich trage ein Gebiß.«

Die Augen vereisten wieder. »Ich spreche über Ihr Zahnfleisch. Eine Entzündung. Nichts Ernsthaftes, aber auch nichts, mit dem man spaßen sollte.«

Eine Tür schlug hinten im Haus. »Meine Mädchen kommen aus der Schule. Ich habe drei hübsche Töchter. Die Zwillinge Ramona und Rowena und – noch eine ältere. Sie werden uns nicht stören. Ihr Vater. Ich sehe viel Rot. Wütendes Rot. Viel Haß.« Ihre Augenbrauen hoben sich fragend.

Leon rutschte wieder auf dem Stuhl hin und her. »Ich mochte meinen Vater nicht«, gestand er. »Aber ich würde wirklich gerne mit Ihnen über meine Gesundheit sprechen.«

»Sobald ich bereit bin«, sagte sie, und eisige Schauer liefen ihm über den Rücken.

»Sie haßten Ihren Vater. Aber vergeben Sie ihm. Lassen Sie ihn los. Lassen Sie ihn in Frieden ruhen, wie man sagt.« Sie runzelte die Stirn. »Das Motorrad, mit dem er herumgefahren ist. Es taucht immer wieder auf. Es hat eine Bedeutung.« Sie hielt inne. Wieder atmete sie schwer. »Starb er bei einem Sturz von diesem Motorrad? Oder als Folge eines Sturzes?«

Leon schluckte schwer. Dann riß er sich zusammen. »Nein.«

»Aber das Motorrad spielte bei seinem Tod eine Rolle. Er kam bei einem Unfall mit diesem Motorrad ums Leben.«

»Nein«, sagte Leon wieder und hielt sich an seinen Schwur, ehrlich zu sein.

Sie drehte den Kopf und zog einen Mundwinkel leicht nach oben. Wahrscheinlich hielt sie das für ein Mona-Lisa-Lächeln. Ihr Atem ging wieder gleichmäßig, aber jetzt hatte Leon Schwierigkeiten mit der Luft.

»Ich muß mich noch einmal dafür entschuldigen, daß ich Themen aufbringe, die für Sie schmerzlich sind«, sagte sie mit syrupsüßer Stimme. »Sie sind blaß. Verzeihen Sie mir. Jetzt wollen wir die Vergangenheit vergessen. Die Gegenwart, die Zukunft, nur sie zählen wirklich. Nicht wahr?«

»Ja«, pflichtete Leon ihr eine Spur zu herzlich bei.

»Sind Sie verheiratet?«

»Ja, das heißt, ich war es.«

»Ihre Frau ist im Geiste? Natürlich. Die Dame, die ich bei Ihren Eltern gesehen habe. In Weiß, ein Buch in der Hand. Eine begeisterte Leserin. War sie das?«

»Sie las Liebesromane. Sonst nichts.«

»Ein schönes Gesicht«, sagte das Medium. »Aber dünn, zu dünn. War sie tuberkulös?«

»Nein, und sie war auch nicht dünn.« Fast hätte er hinzugefügt: »Sie war fett«, aber er hielt sich vornehm zurück, weil das Medium selbst in diese Richtung tendierte.

»Vieles verändert sich«, sagte sie vage. »Ihre Gesundheit. Sie machen sich Sorgen um Ihre Gesundheit?«

Die Frau ist ein Genie, dachte Leon gereizt. »Deshalb bin ich zu Ihnen gekommen.«

Sie hustete. »Allergie. Tränen Ihre Augen? Müssen Sie niesen?«

»Nur wenn ich eine Erkältung habe.« Warum sollte er sich nicht den Spaß erlauben, sie ein bißchen auf den Arm zu nehmen.

»Ach, Allergien können alle möglichen Formen annehmen. Ich würde an Ihrer Stelle keinen Tropfen Milch mehr trinken. Das ist nämlich Ihr Problem.«

»Ich habe seit mindestens zehn Jahren keine Milch mehr getrunken«, sagte Leon. Inzwischen machte er nicht mehr den geringsten Versuch, höflich zu sein.

Sie zuckte die Achseln. Dann fing sie wieder an, keuchend zu atmen. Ihre Hand flog zu ihrer Brust, und sie sank in den Stuhl zurück, stöhnend und keuchend. Eine Sekunde lang war er erschreckt. »Ein Schmerz. Ein schlimmer Schmerz. Haben Sie in letzter Zeit einmal ein EKG machen lassen?«

»Der Schmerz ist in meiner Seite, in der Lebergegend.«

Sie runzelte die Stirn. »Haben Sie noch nie etwas von Ablenkungsschmerzen gehört? Man ist hier krank, aber es tut da weh. Glauben Sie, daß Sie eine Leberkrankheit haben?«

»Ja.«

Sie nahm wieder eine normale Haltung ein und atmete ruhiger. Dann blinzelte sie ihm zu. »Wir trinken also ganz gern ein Gläschen, nicht wahr?«

»Früher habe ich gelegentlich ein Glas Wein zum Essen getrunken, aber das habe ich aufgegeben. Wein ist besonders schädlich für die Leber.«

»Haben Sie einen Arzt konsultiert?«

»Vor drei Wochen ging ich zur Routineuntersuchung. Er hat nichts gefunden.«

»Ach ja, die Leber ist so ein gerissener kleiner Teufel. Ich sehe –« Ihre Augen schlossen sich wieder, und wieder sank sie in ihrem Stuhl zurück. »Wasser. Holen Sie mir ein Glas Wasser.«

Er sprang auf und blieb wie angewurzelt stehen. War dies nur ein weiterer theatralischer Akt? Auf ein schwaches Winken Ihrer Hand hin eilte er in die Küche, wo zwei junge Mädchen vor einem Imbiß am Tisch saßen. Ohne ein Wort nahm er ein Glas mit Coca-Cola vom Tisch, schüttete den Inhalt in den Ausguß, füllte es mit Wasser und rannte zurück ins andere Zimmer. Sie hatte sich nicht bewegt. Er hielt ihr das Glas an die Lippen, und sie nippte daran. Als sie wieder fähig war, sich aufzusetzen, ließ er sich neben ihr auf ein Knie nieder.

»Was haben Sie gesehen?« keuchte er. »Sie sagten: ›Ich sehe.‹

Was haben Sie gesehen? War es so schrecklich? Sagen Sie es mir. Sie können es mir ruhig sagen. Ich muß es wissen.«

Sie sah ihn verwirrt an. »Sehen? Ich habe nichts gesehen. Wissen Sie, ich bin in den Wechseljahren, und es kommt ab und zu vor, daß ich ohnmächtig werde. Es hat nichts mit Ihnen zu tun. Ein paar tiefe Atemzüge, dann ist alles wieder in Ordnung. Es kommt öfter vor.«

»Aber meine Augen!« rief er. Er rückte so dicht an sie heran, daß er sein angstvolles Gesicht an ihren Pupillen erkennen konnte. Er zog das Unterlid seines rechten Auges herunter und rief: »Sie sind gelb! Sehen Sie doch selbst. Und Fertig – Dr. Fertig – sagt, sie sind es nicht. Er sagt, da wäre nicht einmal ein Anflug von Gelbfärbung.«

»Ihre Augen sind nicht gelb«, sagte sie bestimmt. Er ging erleichtert in die Hocke. »Glauben Sie mir. Auch wenn Sie nichts von dem glauben, was ich Ihnen gesagt habe, glauben Sie mir das. Sie haben keinen Leberschaden. Ihre Augen sind absolut nicht gelb.«

Erleichterung überflutete ihn. Auf wackeligen Beinen wankte er zu seinem Stuhl zurück.

Sie fuhr fort: »Ihre Schmerzen sind nur auf Blähungen zurückzuführen. Essen Sie Gemüse? Bohnen?«

»Gelegentlich.«

»Lassen Sie das. Ebenfalls Brokkoli, grüne Oliven und Schmelzkäse. Trinken Sie ruhig ein Glas Wein. Gönnen Sie sich heute abend ein Filet Mignon – Sie mögen doch Filet Mignon? – und zwei Gläser Wein. Oder einen Martini. Vertreiben Sie den Gedanken an Krankheit aus Ihrem Kopf. Genießen Sie das Leben. Schreiben Sie weiter an Ihren Gedichten. Sie sind dazu prädestiniert, Gedichte zu schreiben. Denken Sie daran, sich wieder zu verheiraten. Sie können nicht nur in Ihren Erinnerungen und in der Vergangenheit leben.«

Leon hätte am liebsten vor Erleichterung gelacht.

»Ich sehe jemanden für Sie. Erinnern Sie sich? Ich erwähnte eine Frau namens Ruth?«

»Roberta.«

Sie schüttelte den Kopf. »Ruth. Sie werden mit ihr ein Erlebnis teilen, das, wie meine Kinder sagen würden, irrsinnig intensiv sein wird. Aber sehr kurz. Es wird schnell vorbeigehen. Ich sehe eine Frau mit rotem Haar, bedeutend jünger als Sie, attraktiv. Sie wird Ihre Gefährtin sein bis zum Ende.«

Er sah auf seine Uhr, und sie schwieg. Er stand auf und zog einen Zwanzigdollarschein aus der Tasche. Als er auch noch zwei Eindollarscheine nahm, sagte sie:

»Nur den Zwanziger.« Ihr breites Lächeln enthüllte eine Reihe von Goldzähnen. »Ich habe vergessen, den Stecker des Kassettenrecorders einzustecken.«

»Das macht nichts«, meinte er. »Einmal reicht eigentlich völlig.«

Ihr Lächeln veränderte sich nicht. Als er das Zimmer verließ sagte sie: »Geh mit Gott, mein Bruder.«

Er sah sich nicht um.

Als der Rolls-Royce neuesten Baujahrs weggefahren war, kam die älteste Tochter des Mediums, ein hübsches Mädchen von etwa zwanzig Jahren, ins Zimmer.

»Dem fehlt es nicht an leiblichen Gütern«, sagte sie. »Hast du sein Auto gesehen?«

»Nein«, sagte das Medium und drückte einen Knopf am Kassettenrecorder, um das Band zu löschen. »Aber den Diamantring. Er hat Geld geheiratet. Und zwar jede Menge davon.«

»Warum hast du ihn angelogen und gesagt, der Recorder sei nicht eingeschaltet gewesen?«

»Weil ich nicht will, daß dieses Band in die falschen Hände fällt.«

»Den hast du ganz schön auf den Arm genommen«, sagte das Mädchen. »Ich wollte meinen Ohren nicht trauen. Als du mit dem Häuschen anfingst und den Geranien, und dann die alte Leier mit dem ›Sie sollten Klavier spielen‹ – Du mußt ganz schön in der Klemme gewesen sein.«

»Er war nicht einfach zu lesen.« Das Medium zündete sich eine Zigarette an und zog die Schuhe aus. »Typen wie er sind immer schwierig. Aber ich habe auch ein paar Treffer gelandet.«

»Was meinst du damit, Typen wie er.«

»Leute, die eine Menge zu verbergen haben.«

»Ich habe dich noch nie in einer solchen Klemme erlebt.«

»Und es hat dich keiner darum gebeten, zuzuhören, junge Frau. Du weißt, daß ich es nicht mag, wenn du lauschst. Es handelt sich um vertrauliche Informationen, genau wie bei einem Arzt oder einem Anwalt.«

»Ein silberner Rolls«, sagte das Mädchen. »Und er sah nicht schlecht aus, wenn auch ein bißchen zimperlich.«

»Vergiß es«, sagte ihre Mutter. »Obwohl ich am Anfang ja dasselbe dachte, wie wohl jede Mutter. Aber als ich sah, was er war –« Sie schauderte. »Hast du gemerkt, wie schnell ich den Unfall mit dem Motorrad fallenließ. Den Unfall, den sein Vater hatte?«

»Er sagte, es hätte keinen Unfall gegeben.«

»Er meinte nur, es sei kein Unfall gewesen. Und es war auch keiner. Dann heiratete er des Geldes wegen und brachte seine Frau um. Sie war die Investition, von der ich sprach. Nun, glaubst du immer noch, daß deine Mutter nur faulen Zauber veranstaltet? Glaubst du, daß ich ihm das alles hätte sagen sollen?«

Das Mädchen lachte. »Nicht ohne handfeste Beweise. Und nicht ohne deine Fluchtschuhe an den Füßen.«

»Genau.« Die Frau lächelte. »Und dabei sieht er aus wie ein Pfeiler unserer Gesellschaft. Wie jemand, den man ohne weiteres darum bitten würde, Pate der Kinder zu werden. Ha!«

Das Mädchen sah jetzt nachdenklich aus. »Es muß ziemlich schwer für dich sein, alles zu wissen und doch nichts dagegen tun zu können.«

»Es steht mir nicht zu, den Richter zu spielen«, sagte ihre Mutter, »obwohl ich das manchmal fast vergesse. Aber in diesem Fall brauchen wir uns keine Sorgen zu machen. Es liegt nicht in unserer Hand. Es wird schon bald genug Gerechtigkeit geschehen. Deshalb habe ich ihm auch gesagt, er soll heute abend feiern.«

»Also hat er doch einen Leberschaden?«

»Aber nein. Seine Leber ist völlig in Ordnung. Aber jetzt sage ich dir was. Du kannst es für faulen Zauber halten, aber morgen nachmittag um zwölf nach drei werden die Sorgen unseres Freundes für immer vorbei sein. Dann wird er unser verstorbener Freund sein. Willst du wetten?«

»Nicht mit dir. Zwölf Minuten nach drei? Nicht dreizehn Minuten? Oder elf?«

»Zwölf Minuten nach drei«, sagte das Medium.

Am nächsten Nachmittag, als Dr. Lewis Fertig in seinem Sprechzimmer auf den nächsten Patienten wartete, hörte er einen Schrei aus dem Vorzimmer. Er lief zur Tür und sah, daß seine rothaarige Sprechstundenhilfe Ruth neben der Leiche von Leon Sawin kniete, der gerade an einem Herzschlag verschieden war. Die Uhr im Wartezimmer zeigte auf zwölf Minuten nach drei.

Unglücklicherweise stand in den Zeitungen, der Mann sei fünfzehn Minuten nach drei gestorben, und die Tochter des Mediums, Roberta, fand mit ihrem Spott über die Mutter kein Ende.

Originaltitel: THE FAKE. 3/78

Jack Ritchie

Spürnase

Den Duft von Kamelien bringe ich als erstes mit meiner Tante Mabel in Verbindung – eine warmherzige, freundliche, hilfsbereite Person. Als ich noch klein war, machte sie oft den Babysitter für mich.

Und ich erinnere mich an Carrie Nelson, das erste Mädchen, in das ich verliebt war. Auch sie duftete nach Kamelien.

Als ich ihr ein Kompliment über ihr Parfüm machte und sagte, daß ich den Duft von Kamelien sehr liebe, entgegnete sie hochnäsig, daß ich eine unzivilisierte Nase hätte. Sie benutze kein Kamelienparfüm. Ganz im Gegenteil, sie verabscheue den Geruch von Kamelien. Sie erinnerten sie an Beerdigungen.

Und doch hätte ich mein Leben dafür verwettet, daß sie ständig von einer Wolke von Kamelienduft umgeben war. Aber ich sagte nichts mehr. Ich begann jedoch darüber nachzudenken, wie merkwürdig es war, daß so viele Leute, mit denen ich zu tun hatte, ausgerechnet nach Kamelien dufteten.

Als ich das nächste Mal zur Routineuntersuchung zu Dr. Burglund ging – er war einer jener Menschen, die im wahrsten Sinne des Wortes rochen wie ein ganzes Kamelienfeld –, machte ich ihm versuchsweise ein Kompliment über sein einzigartiges, nach Kamelien duftendes Rasierwasser.

Er behauptete, daß er grundsätzlich kein Rasierwasser benutze, und falls er es doch täte, würde er ganz gewiß keines wählen, das nach Kamelien roch, weil er diesen besonderen Duft absolut nicht ausstehen könne.

Ziemlich verwirrt stellte ich weitere Nachfragen bei den Menschen in meiner Umgebung an, die den Kamelienduft ausströmten, und in jedem Fall leugneten die befragten Personen, dieses Parfüm zu verwenden. Mehr noch, sie schworen alle, daß sie Kameliengeruch ganz abscheulich fanden.

Nach einigen weiteren Überlegungen beschloß ich, das peinliche Thema fallenzulassen und mich ausschließlich damit zu beschäftigen, unter den unerklärlichen Duftwolken von Kamelien aufzuwachsen und erzogen zu werden.

Ich studierte Sozialwissenschaften an der Universität, und im Rahmen einer Vorlesung besuchten wir auch das staatliche Gefängnis.

Und dort, im Hof des Gefängnisses, mußte ich feststellen, daß die Intensität von Kamelienduft unter den Insassen bei weitem höher war als unter der normalen Bevölkerung – etwa viermal höher oder noch mehr.

Die Führung durch das Gefängnis ging weiter. Wir betraten das Gebäude, besichtigten die Küche, den Gemeinschaftsraum und so weiter, und schließlich, als Höhepunkt gewissermaßen, zeigte man uns die Todeszellen der Institution.

Als ich den Korridor zwischen den Zellen betrat, wurde ich fast überwältigt vom Geruch nach Kamelien. Und als wir von Zelle zu Zelle gingen, stellte ich fest, daß jeder Insasse diesen Geruch ausströmte.

Natürlich machte ich mir meine Gedanken darüber. Was hatten all diese Männer außer dem Kamelienduft gemeinsam?

Sie waren alle zum Tode verurteilt worden.

War es möglich, daß ich aus irgendeinem Grunde – sei er nun physisch, psychisch oder was auch immer – den bevorstehenden Tod riechen konnte?

Nein, das konnte es nicht sein. In unserem Bundesstaat werden zwar gelegentlich Mörder immer noch zum Tode verurteile, aber es ist mehr als unwahrscheinlich, daß diese Strafe jemals vollzogen wird. Abgesehen davon waren die Gefangenen im Hof, die ebenfalls nach Kamelien rochen, nicht zum Tode verurteilt worden, obwohl ich vermutete, daß einige von ihnen ebenfalls Mörder waren.

Aha! Konnte es das sein? War es möglich, daß ich tatsächlich Mord riechen konnte? Oder genauer ausgedrückt, daß ich Mörder riechen konnte?

Die erstaunliche Erkenntnis, daß dies tatsächlich der Fall sein könnte, ging mir in ihrer ganzen Tragweite nur ganz allmählich auf, aber unerbittlich drängten sich mir eine Neubeurteilung von Menschen aus meiner Vergangenheit auf.

Da war zum Beispiel Tante Mabel, deren neuer Mann vor langer Zeit zu Tode gestürzt war, als er und Tante Mabel am Rand der Klippen spazieren gingen. Und Carrie Nelson, deren wunderschöne Cousine bei einem Bootsunglück, bei dem es keine Zeugen gab, ums Leben gekommen war. Die Cousine war ertrunken, während es Carrie gelang, sich ans Ufer zu retten. Und der gute Dr. Burglund, der einem lachend mitteilte, daß er seine Fehler immer beerdigte.

Ich verbrachte mehrere Tage in einem Zustand akuten Schocks. Nie zuvor war mir aufgegangen, welch bunte Vielzahl von Menschen einen Mord auf sich geladen hatten. Und die Tatsache, daß sie immer noch fröhlich umherliefen zeigte, daß sie mit ihren Verbrechen ungestraft davongekommen waren.

Die besondere Fähigkeit meiner Nase war meiner Meinung nach ein Geschenk des Himmels, eines, das ich zu vollem Nutzen bringen mußte.

Mein Entschluß, zur Polizei zu gehen, erschütterte meine Freunde und die Familie, von denen die meisten Akademiker waren. Sie versuchten mit allen Mitteln, mich umzustimmen, aber mein Entschluß stand fest.

Im Juni, nachdem ich mein Universitätsdiplom erhalten hatte, bewarb ich mich bei der Polizei, wurde angenommen und auf die Polizeischule geschickt. Nachdem ich als Klassenbester die Prüfung bestanden hatte, wurde ich mit einem erfahrenen Kollegen zum Streifendienst eingeteilt.

An meinem ersten Diensttag gab es Feueralarm, und wir erreichten die Brandstelle gleichzeitig mit den Einsatzwagen der Feuerwehr.

Mein Kollege und ich hatten alle Hände voll damit zu tun, die neugierige Menge davon abzuhalten, die Feuerwehrleute bei der Arbeit zu stören.

Nach kurzer Zeit trugen zwei Feuerwehrleute die Leiche eines älteren Mannes aus dem brennenden Haus. Er war an Rauchvergiftung gestorben.

Dicke Rauchschwaden zogen zu uns herüber und machten das Atmen schwer, aber durch den Brandgeruch hindurch stieg mir plötzlich unverkennbar der Duft von Kamelien in die Nase.

Ich drehte mich um und betrachtete die Zuschauer, und schon bald konnte ich die Quelle des Kameliengeruchs ausmachen.

Der Duft kam von einem zierlichen Mann mittleren Alters, der das brennende Haus mit lächelndem Interesse betrachtete.

In der Polizeischule hatten wir gelernt, daß in Fällen von Brandstiftung der nichtprofessionelle Brandstifter sich häufig unter die gaffende Zuschauermenge mischt, um sich an seiner Tat zu erfreuen.

Der Ausdruck in den Augen des Mannes, plus der Duft nach Kamelien, plus die Tatsache, daß das Feuer ein Todesopfer gefordert hatte, weckten in mir den Entschluß, mit ihm sprechen zu wollen. Denn wenn das Feuer auf Brandstiftung beruhte, was durchaus möglich war, dann war der Brandstifter ein Mörder.

Ich ging langsam auf ihn zu.

Er sah mich und drehte sich um, versuchte, sich durch die Menge zu drängen, offensichtlich um zu fliehen.

Ich packte ihn mir und eskortierte ihn zu unserem Streifenwagen. Dabei fiel mir außer dem Duft nach Kamelien auch der leichte Geruch nach Benzin auf.

Er war entsetzt darüber, daß er erwischt worden war, und innerhalb weniger Minuten gestand er, daß er das Feuer tatsächlich gelegt, aber nicht die Absicht gehabt habe, jemanden zu verletzen oder gar zu töten, und daß es ihm sehr leid tue.

Mein Kollege und ich brachten ihn zur weiteren Befragung zum Revier, wo er schon bald gestand, Urheber von mindestens zwölf anderen Bränden in der Stadt zu sein, von denen jedoch keiner ein Todesopfer gefordert hatte.

Das war ein glückhafter, vielversprechender Anfang für mich. Ich wurde wegen meiner Geistesgegenwart gelobt und hatte Visionen einer steilen Karriere, in deren Verlauf ich einen Mord nach dem anderen aufklären würde.

In den folgenden Wochen und Monaten mußte ich jedoch feststellen, daß der Dienst eines Polizisten nicht ausschließlich mit Mordfällen zu tun hat.

Meine Pflicht bestand zum größten Teil darin, Familienstreitigkeiten zu schlichten, Autounfälle aufzunehmen, Strafmandate wegen Verkehrsvergehen auszustellen und aus ähnlichen notwendigen, aber wenig aufregenden Tätigkeiten.

Mein Kollege – ein Veteran, der schon mehr als zehn Jahre

seinen Dienst versah – erzählte mir, daß er in dieser ganzen Zeit nur viermal wegen Mordes gerufen worden sei.

Nichtsdestoweniger war ich mit Eifer dabei, meinen Beruf von der Pike auf zu lernen. Ich besuchte abends Kurse in Kriminologie an der Universität und versah meinen Dienst gern und mit Freude. Durch harte Arbeit und etwas Glück wurde ich nach vier Jahren Streifendienst schließlich zur Mordkommission versetzt.

In diesen vier Jahren hatte ich übrigens nur mit zwei Mordfällen zu tun gehabt. In beiden Fällen war der Mörder ein Mitglied der Familie des Opfers und konnte in der nächsten Kneipe verhaftet werden. In beiden Fällen roch der Mörder nach Bier und Kamelien – eine wirklich ekelhafte Duftkombination.

In meiner neuen Funktion als Kriminalbeamter ging es in meinem ersten Fall angeblich um Mord während eines Einbruchs. Als mein Kollege, Sergeant Rolland, und ich in dem kleinen Reihenhaus ankamen, fanden wir den Toten im Schlafanzug auf dem Boden des Wohnzimmers vor. Offensichtlich hatte man ihm mit einer kleinen Bronzestatue des Eiffelturms, die neben ihm lag, den Schädel eingeschlagen.

Die Frau des Toten sagte aus, sie sei im Kino gewesen und habe bei ihrer Rückkehr ihren Mann tot aufgefunden. Sie teilte uns ebenfalls mit, daß ihr gesamter Schmuck fehle und daß die Brieftasche ihres Mannes aus seiner Hose verschwunden sei, die oben im Schlafzimmer hing.

Sie war etwa vierzig Jahre alt und eingehüllt in eine Wolke von Kamelienduft.

In Mordfällen ist es natürlich absolut notwendig zu beweisen, daß ein Individuum ein anderes getötet hat. Es liegt jedoch ganz unzweifelhaft ein großer Vorteil darin zu wissen, wer der Mörder ist, bevor man auf die Suche nach eindeutigen Beweisen geht.

Nachdem Sergeant Rolland mit seinen Fragen fertig war, wandte ich mich an die Witwe. »Mrs. McDougal, Sie haben gesagt, daß Sie um Punkt elf nach Hause gekommen sind. Wie können Sie das so genau sagen?«

Sie betupfte die Augen mit einem Taschentuch. »Weil die Uhr im Wohnzimmer elf schlug, als ich die Tür aufschloß.«

»Sie betraten das Wohnzimmer und fanden die Leiche Ihres Mannes?«

»Ja.«
»Sahen Sie nach, ob er wirklich tot war?«
»Natürlich.«
»Was taten Sie als nächstes?«
»Ich rief die Polizei an.«

Ich wandte mich an einen der uniformierten Polizisten, der als erster am Tatort eingetroffen war. »Wann sind Sie hier angekommen?«

»Genau drei Minuten nach elf«, sagte er stolz. »Wir waren zufällig nur einen Block entfernt, als der Anruf kam.«

Der Mann von der Spurensicherung trat zu Sergeant Rolland und mir. »Auf der Mordwaffe sind keine Fingerabdrücke zu finden. Sie wurde abgewischt.«

Ich sah Mrs. McDougal an, aber sie schaffte es, völlig unschuldig auszusehen.

Ich setzte meine Befragung fort. »Nachdem die Polizei eingetroffen war, haben Sie dieses Zimmer aus irgendeinem Grund verlassen?«

Sie dachte nach. »Nein.«

Ich sah den uniformierten Polizisten an, und er nickte.

»Mrs. McDougal«, sagte ich, »was ist Ihrer Meinung nach hier vorgefallen?«

Sie zuckte mit den Schultern. »Ich weiß es nicht. Wahrscheinlich kam ein Einbrecher ins Haus. Mein Mann hörte ihn und sah nach. Sie kämpften miteinander, und mein Mann wurde getötet.«

»Wo bewahren Sie Ihren Schmuck auf?«

»Oben, in einer Schublade meines Frisiertischs.«

Ich nickte freundlich. »Ein bemerkenswert gelassener Mann, dieser Einbrecher. Erst bringt er Ihren Mann um, dann geht er die Treppe hinauf, nimmt sich die Brieftasche Ihres Mannes aus seiner Hosentasche, und dann sucht er, bis er Ihren Schmuck findet. Die meisten Einbrecher hätten sich gleich nach dem Mord aus dem Staub gemacht und sich gesagt, zum Teufel mit der Beute. Sind Sie ganz sicher, daß der Schmuck und die Brieftasche verschwunden sind?«

»Ganz sicher. Ich habe nachgesehen.«

»Wann?«

Sie runzelte die Stirn. »Nachdem ich meinen Mann gefunden hatte.«

Ich lächelte. »Sie kamen um Punkt elf Uhr nach Hause. Sie sahen Ihren Mann auf dem Boden liegen. Sie überzeugten sich davon, daß er tot war. Sie riefen die Polizei an. Ganz zweifellos waren Sie überwältigt von Schock und Schmerz, und doch gingen Sie entschlossen hinauf, sahen in Ihrem Frisiertisch nach und stellten fest, daß Ihr Schmuck fehlte. Sie sahen ebenfalls in der Hose Ihres Mannes nach und merkten, daß seine Brieftasche verschwunden war. All das erledigten Sie so schnell, daß Sie den Polizeibeamten um drei Minuten nach elf die Tür öffnen konnten. Ma'am, Sie müssen wie der Sturmwind durchs Haus gefegt sein, um all das in drei Minuten schaffen zu können.«

Sie dachte angestrengt nach. »Jetzt, wo Sie mich fragen, fällt mir ein, daß ich schon so gegen Viertel vor elf nach Hause kam. Ich muß mir eingebildet haben, daß die Uhr schlug.«

»Mrs. McDougal«, sagte ich, »wann haben Sie die Brieftasche Ihres Mannes zuletzt in der Hand gehabt?«

Sie sah mich beleidigt an. »Sir, ich gehöre nicht zu jenen Frauen, die die Sachen ihres Mannes durchwühlen.«

Ich bemerkte erneut den Kamelienduft, der sie umgab. »Mrs. McDougal, wir werden dieses Haus vom Keller bis zum Dachboden durchsuchen. Wir werden uns ganz besonders nach der Brieftasche Ihres Mannes umsehen. Wenn wir sie finden, was ich stark vermute, werden wir uns ganz besonders dafür interessieren, ob sich Ihre Fingerabdrücke darauf befinden, und falls ja, werden wir Sie fragen, weshalb.«

Die Brieftasche und Mrs. McDougals Schmuck befanden sich im Wäschekorb im Badezimmer, unter ein paar Handtüchern.

Als unser Experte für Fingerabdrücke anfing, die Brieftasche einzustauben, brach Mrs. McDougal zusammen und gestand.

Sie und ihr Mann, schon fürs Zubettgehen angezogen, hatten im Wohnzimmer noch ferngesehen. Nach den Zehnuhrnachrichten hatten sie sich gestritten, welches Programm sie einschalten sollten – ihr Mann wollte den Spätfilm sehen, während sie eine Talk-Show vorzog. Ein Wort führte zum anderen, und schließlich packte sie in ihrer Wut den kleinen Eiffelturm und schlug damit zu.

Als sie sah, daß ihr Mann tot war, beschloß sie, einen Einbruchtotschlag zu fingieren. Sie nahm die Brieftasche ihres Mannes und ihren Schmuck und versteckte sie im Wäschekorb im Badezimmer – sie rechnete keinen Augenblick damit, daß die Polizei ihrer Geschichte nicht glauben und das Haus durchsuchen würde.

Während wir im Morddezernat das Geständnis protokollierten, überlegte ich, daß ich den Fall wahrscheinlich auch ohne den Kameliengeruch gelöst hätte. Vielleicht jedoch auch nicht. Vielleicht wäre mir die Bedeutung der drei viel zu kurzen Minuten nicht aufgegangen, hätte ich nicht von vorneherein gewußt, daß Mrs. McDougal ihren Mann umgebracht hatte.

In den nächsten vier Jahren klärten Sergeant Rolland und ich fast sechsundneunzig Prozent aller Mordfälle auf, mit deren Untersuchung wir beauftragt wurden. Diese Erfolgsquote war noch nie zuvor erreicht worden. Ich wurde zum Sergeanten befördert. Und ich konnte aus eigener Erfahrung feststellen, daß in mehr als fünfundachtzig Prozent aller Fälle das Opfer seinen Täter gut gekannt hatte oder mit ihm verwandt war.

Wenn wir den Täter nicht in unmittelbarer Nähe des Tatorts fanden, brauchten wir für gewöhnlich nur alle Freunde und Verwandte des Opfers befragen, bis wir auf jemanden stießen, der nach Kamelien roch. Und sobald der Täter einmal ausfindig gemacht war, erwies sich die Beschaffung der Schuldbeweise meist nur noch als eine Routineangelegenheit.

Die wenigen ungelösten Fälle schrieb ich der Tatsache zu, daß die Mörder das Opfer wahrscheinlich nicht gekannt hatten und ganz einfach mit dem nächsten Flugzeug, Bus oder Zug die Stadt und die Reichweite meiner Nase verlassen hatten.

Im Sommer meines fünften Jahres bei der Mordkommission wurden Rolland und ich zum Haus der Blackpools am Seeufer gerufen.

In der kreisförmigen Auffahrt parkte ich hinter den Streifenwagen und stieg aus. Im Licht des Neumonds sah ich mir das große Herrenhaus und die schattige Parkanlage an.

»Rolland«, sagte ich, »Morde in der Unter- und Mittelschicht sind fast immer bedrückend und profan. Ich bin gespannt, ob dies auch für die sehr Reichen zutrifft.«

Rolland löschte die Glut seiner Zigarre und steckte den Stummel in die Brusttasche. »Das Haus ist wirklich toll. Ich frage mich, ob dieses Mal unser Mörder reich ist.«

»Was für einen Unterschied würde das denn machen?«

»Einen großen. Reiche Mörder kommen nicht ins Gefängnis.«

Im Haus wurden wir in das riesige Wohnzimmer geführt, wo wir den Besitzer, einen Börsenmakler namens Horace Blackpool, tot auf dem Boden liegend, vorfanden. Offensichtlich war ihm mit einer vergoldeten Nachbildung des Empire State Building der Schädel eingeschlagen worden. Die mutmaßliche Mordwaffe lag blutbefleckt neben ihm.

Der Gerichtsarzt und die Laborexperten erschienen und machten sich an die Arbeit.

Mrs. Erica Blackpool, die Frau des Toten, hatte faszinierende violette Augen, die sich leicht weiteten, als ich auf sie zutrat. Sie war etwa Mitte Zwanzig und umhüllt von einer wahren Wolke von Kamelienduft.

Ich hörte mir ihre Geschichte an und faßte dann zusammen: »Sie sagen, daß Sie aus dem Kino kamen und die Leiche Ihres Mannes fanden?«

»Ja.«

»Und Sie kamen um Schlag elf Uhr zurück? Wissen Sie das genau?«

»Die Uhr in der Diele schlug elf, als ich die Haustür öffnete.«

Natürlich konnte ich mich des Gefühls des *déjà vu* nicht erwehren. »Und was ist Ihrer Meinung nach hier vorgefallen?«

Sie sah mich aufmerksam an. »Mein Mann geht jeden Mittwochabend in seinen Sportklub und spielt Wasserball mit seinen Freunden. Ich vermute, daß er bei der Rückkehr einen Einbrecher überrascht hat. Es kam zu einem Kampf, und mein Mann wurde dabei getötet. Mein Schlafzimmer oben wurde übrigens durchwühlt, und mein Schmuck fehlt.«

»Sie waren allein im Kino?«

»Ja.«

Ich sah mich im Zimmer um. »Gibt es Dienstboten im Haus?«

»Die Dienstboten wohnen über den Garagen, und für gewöhnlich ist nach neun Uhr keiner von ihnen mehr hier.«

Ein hochgewachsener, distinguierter Herr betrat das Zimmer und ging an Mrs. Blackpools Seite. »Erica, ich hoffe, daß du kein Wort gesagt hast.«

»Nun, nur die nackten Tatsachen. Ich konnte ja nicht gut hier stehen und den Mund nicht aufmachen.«

Ich sah den Mann forschend an. »Wer sind Sie, Sir?«

»James Gobbert, der Anwalt der Blackpools.«

Mrs. Blackpool nickte. »Horace hat mir gesagt, daß Leute unserer Einkommensstufe niemals etwas tun oder sagen dürfen, ohne vorher einen Anwalt zu Rate zu ziehen.«

»Mrs. Blackpool«, sagte ich. »Würden Sie mir bitte noch einmal berichten, und zwar in allen Einzelheiten, wie sich alles abgespielt hat von dem Augenblick an, als sie das Haus betraten.«

»Nun, wie ich schon sagte, ich kam nach Hause, als die Uhr in der Diele gerade elf schlug. Ich betrat das Haus, und als ich an diesem Zimmer vorbeikam, sah ich, daß Horace in einer Blutlache auf dem Boden lag.«

»Gingen Sie nahe genug an ihn heran, um feststellen zu können, daß er tot war?«

»Natürlich. Und er war tot. Genauso tot wie jetzt.«

»Und dann?«

»Nun, natürlich rief ich James an und fragte ihn, was ich tun sollte. Er dachte eine Weile nach und schlug dann vor, ich solle die Polizei anrufen.«

»Das war sehr freundlich von ihm. Und dann?«

»Mein nächster Gedanke war, daß Horace vielleicht von einem Einbrecher umgebracht worden sei. Also ging ich in den ersten Stock hinauf und sah mich um. Und natürlich stellte ich fest, daß mein Schmuck verschwunden war.«

»Bewahren Sie Ihren Schmuck nicht im Safe auf?«

»Normalerweise schon, aber heute abend muß ich einfach vergessen haben, ihn einzuschließen. Sehr nachlässig von mir, wie ich zugeben muß.« Sie schien sich ein paar Zentimeter näher zu mir zu beugen. »Dann ging ich in Horaces Schlafzimmer, und es war ebenfalls ein einziges Durcheinander. Die Schublade, in der er seine Zigarettenetuis, Feuerzeuge, Ringe und Manschettenknöpfe aufbewahrt, lag leer auf dem Boden.«

Ich fragte einen der uniformierten Polizisten: »Wann ist der erste Streifenwagen hier eingetroffen?«

»Um drei Minuten nach elf.«

Ganz zweifellos – *déjà vu*.

Ich sah, wie die Nachbildung des Empire State Building eingestäubt wurde, und zweifelte stark daran, daß man Fingerabdrücke finden würde.

Ich drehte mich wieder um und atmete den Kamelienduft ein, den Mrs. Blackpool verströmte. »Wie lange waren Sie und Ihr Mann verheiratet?«

»Fast ein Jahr.«

»Und wie kamen Sie miteinander aus?«

»Sehr gut.«

Ich versammelte die uniformierten Polizisten um mich. »Ich möchte, daß Haus und Grundstück gründlich durchsucht werden. Dabei soll vor allem auf Mrs. Blackpools Schmuck geachtet werden. Wenn Sie ihn finden, muß alles sofort auf Fingerabdrücke überprüft werden.«

Ich prüfte die Luft in Gobberts Umgebung. Er roch nicht im mindesten nach Kamelien, was ihn vom Verdacht der Beihilfe befreite.

Nach etwa fünfzehn Minuten betrat ein Beamter mit einem gefüllten Kissenbezug das Zimmer, dessen Inhalt klapperte. »Das Ding ist voller Schmuck und Silber.«

»Aha«, sagte ich. »Wo haben Sie es gefunden? Im Wäschekorb?«

»Nein, im Gebüsch neben dem Haus.«

Ich drehte mich zu Mrs. Blackpool um. »Ma'am, ich verhafte Sie nunmehr unter dem Verdacht, Ihren Mann, Horace Blackpool, ermordet zu haben.«

Sie wurde blaß, und Gobbert runzelte die Stirn.

Ich lächelte. »Mrs. Blackpool, Sie sagen, daß Sie das Haus betraten, als die Uhr elf schlug. Sie entdeckten die Leiche Ihres Mannes. Sie nahmen sich die Zeit, sich zu vergewissern, daß er tot war. Sie riefen Ihren Anwalt an. Nach zeitraubenden Überlegungen riet er Ihnen, die Polizei anzurufen. Sie taten das. Während Sie auf die Polizei warteten, gingen Sie in Ihr Schlafzimmer und stellten fest, daß Ihr Schmuck fehlte. Außerdem hatten Sie Zeit, festzustellen, daß auch Wertsachen Ihres Mannes verschwunden waren. Anschließend gingen Sie nach unten und erwarteten die Polizeibeamten an der Tür, wo sie um drei Minuten nach elf eintrafen. Es besteht kein Zweifel daran, daß es einfach unmöglich ist, alle diese Tätigkeiten in einer Zeitspanne von nur drei Minuten zu verrichten.«

Mrs. Blackpool runzelte nachdenklich die Stirn, dann hellte ihr Gesicht sich auf. »Die Uhr in der Diele ist schon sehr alt, und sie geht nicht mehr genau. Ich hätte mich gleich daran erinnern sollen. Als ich das letzte Mal nachsah, ging sie zwanzig Minuten vor. Als sie elf Uhr schlug, war es also erst zwanzig vor elf, und ich hatte ausreichend Zeit, all das zu tun, was ich getan habe, bevor die Polizisten um drei Minuten nach elf kamen.«

Ich schickte einen meiner Männer zur Uhr. Kurz darauf kam er zurück. »Sie hat recht, Sergeant. Die Uhr geht fünfzehn Minuten vor.«

Der Mann vom Erkennungsdienst sagte: »Auf der Mordwaffe sind keine Fingerabdrücke, Sergeant.«

Ich begann, mich ein bißchen unbehaglich zu fühlen. »Nun, das hatte ich auch nicht unbedingt erwartet. Ich denke jedoch, daß wir Mrs. Blackpools Fingerabdrücke überall auf den Wertsachen Ihres Mannes finden werden.«

Erica Blackpool lächelte. »Nein, das werden Sie nicht, Sergeant.«

Ein uniformierter Polizist kam durch die Tür. »Wir haben ihn«, sagte er stolz.«

»Wen?«

»Den mutmaßlichen Mörder. Er lag im Garten. Er hat sich das Bein gebrochen.«

Ich begleitete ihn ins Freie und ging zu dem von Taschenlampen erhellten Kreis von Männern um den auf dem Rücken liegenden Mann. Der Mann stöhnte.

Einer der Beamten identifizierte ihn. »Es ist Erasmus Reilly. Schon mehrmals wegen Einbruchdiebstahl vorbestraft.«

Erasmus roch, als hätte er in Kamelienblüten gebadet.

Vielleicht war es, weil Reilly das Gefühl hatte, er sei so gut wie auf frischer Tat ertappt worden, vielleicht wollte er auch einfach nur alles schnell hinter sich bringen und ins Krankenhaus gebracht werden, wo sein Bein behandelt werden konnte, jedenfalls fing er sofort an, sein Geständnis herunterzurasseln.

Er war gerade dabei gewesen, das Haus der Blackpools auszuräumen, als Horace Blackpool nach Hause gekommen war und sich ihm im Wohnzimmer in den Weg gestellt hatte. Es war zu einem Handgemenge gekommen, und er hatte Blackpool niedergeschlagen.

Dann hatte Reilly sich den bereits gefüllten Kopfkissenbezug geschnappt und war durch den Park zum Tor gerannt. Unglücklicherweise war es ziemlich dunkel und er mit den Bodenverhältnissen nicht vertraut. Folglich stolperte er über eine Marmorbank und brach sich das Bein. Er hatte die Beute liegenlassen und war immer noch dabei, kriechend das Grundstück zu verlassen, als die Polizei auftauchte und ihn fand.

Ich kehrte ins Haus und zu Mrs. Blackpool zurück.

»Und?« sagte sie. »Bin ich immer noch verhaftet?«

Ich räusperte mich. »Nein.«

Gobbert sagte mit eisiger Stimme: »Sie können Ihr skandalöses Vorgehen, die Verleumdung und die Peinlichkeit dieser Angelegenheit nicht einfach mit ein paar nüchternen Worten wieder gutmachen. Wir werden Sie auf zehn Millionen Dollar Schadenersatz verklagen.«

Der Duft nach Kamelien in Mrs. Blackpools Umgebung war unverkennbar. Immer noch hing der Geruch nach Mord an ihr.

Ich sah sie genauso forschend an, wie sie mich forschend ansah. Lagen wir in einem geistigen Clinch miteinander? Gut gegen Böse? Hatte sie deshalb dieses beunruhigende Lächeln auf den Lippen?

Ich runzelte die Stirn, als mir ein neuer Gedanke kam. Erica Blackpool behauptete, daß sie im Kino gewesen sei, als ihr Mann starb. Die Unter- und Mittelschicht besucht die Kinos, aber irgendwie paßt ein Kinobesuch einfach nicht zu Leuten aus der Hochfinanz.

»Mrs. Blackpool«, sagte ich, »besaßen Sie eigenes Vermögen, als Sie Mr. Blackpool heirateten?«

Sie nickte. »Ich hatte noch mindestens zehntausend Dollar

auf der Bank. Lawrence war mit zwanzigtausend Dollar versichert.«

»Lawrence? Wer ist Lawrence?«

»Mein erster Mann. Wir waren vier glückliche Jahre verheiratet. Dann starb er.«

So langsam sah ich wieder Licht am Ende des Tunnels. »Und wie ist Ihr erster Mann gestorben?«

»Er bekam schreckliche Krämpfe und starb innerhalb weniger Stunden.«

Ich lächelte grimmig. »Mrs. Blackpool, ich werde mir einen Gerichtsbeschluß zur Exhumierung der Leiche Ihres ersten Mannes besorgen. Und was glauben Sie, werden die Pathologen in seinen sterblichen Überresten finden? Vielleicht Arsen?«

Auch sie lächelte. »Lawrence wurde eingeäschert. Ich habe seine Asche an einem windigen Tag über dem Michigansee ausgestreut.«

Ich verließ das Haus der Blackpools in düsterer Stimmung. Es ist mir zwar klar, daß eine ganze Menge Mörderinnen ungestraft davonkommt, aber trotzdem ärgerte es mich, daß es mir hier so unverschämt unter die Nase gerieben wurde – im wahrsten Sinne des Wortes.

Am nächsten Morgen rief Captain Damiels mich in sein Büro.

Langsam legte er die Fingerspitzen aneinander. »Wir haben ein kleines Problem. Mrs. Blackpool will uns wegen der Vorfälle von gestern abend verklagen.«

Ich lachte. »Sie wissen doch, Captain, wie das ist. Die Leute regen sich auf, wenn sie verhaftet werden. Sie sagen dann Dinge, die sie nicht wirklich meinen.«

»Mrs. Blackpool meint aber, was sie sagt. Sie rief heute morgen an und sagte, sie werde die Klage einreichen, es sei denn, Sie gehen persönlich zu ihr und entschuldigen sich.«

Das war zuviel. Ich? Mich bei einer Mörderin entschuldigen? »Niemals«, sagte ich.

Daniels lächelte, ohne auch nur einen einzigen Zahn zu zeigen. »Entweder fahren Sie hin und entschuldigen sich, oder ich muß Sie leider in die Verkehrsabteilung versetzen.«

Ich fuhr also zum Haus der Blackpools.

Ein Mädchen öffnete mir die Tür und führte mich in einen kleinen Raum, das dem Mordzimmer gegenüberlag.

Wenige Augenblicke später erschien Erica Blackpool, offensichtlich blendend erholt nach ausreichender Nachtruhe.

Ich holte tief Luft. »Mrs. Blackpool, ich möchte mich aus ganzem Herzen dafür entschuldigen, daß ich Sie wegen Mordes an Ihrem zweiten Mann verhaftet habe.«

Sie zuckte mit den Schultern. »Das macht doch nichts. Einen Fehler macht schließlich jeder einmal.«

Ich runzelte die Stirn und holte erneut tief Luft. Ich bemerkte auch nicht den leisesten Hauch von Kamelienduft an ihr. »Verflucht«, sagte ich, »was, zum Teufel, ist mit den Kamelien passiert?«

»Mit welchen Kamelien?«

»Ich meine den Kamelienduft. Gestern abend waren Sie in eine Wolke von Kamelienduft eingehüllt, und jetzt ist nichts mehr davon zu spüren.«

Sie lächelte mir zu. »Oh, der ist bestimmt beim Duschen heute morgen verflogen. Aber wenn Sie wollen, kann ich mich gern wieder einsprühen.«

Mir blieb der Mund offenstehen. »Wollen Sie damit sagen, daß der Duft sich abwaschen ließ? Daß er kein beständiger Teil Ihrer Persönlichkeit ist?« Ich war entsetzt. Erica Blackpool war überhaupt keine Mörderin.

Sie trat näher an mich heran und schnupperte. »Mögen Sie Zimttoast, Zimthörnchen oder egal was mit Zimt?«

Die Frage brachte mich ein bißchen aus der Fassung. »Offengestanden, nein. Ich kann Zimt nicht leiden.«

»Gut«, sagte sie. »Es kann also nichts sein, was Sie gegessen haben. Wissen Sie, es ist ganz merkwürdig, aber mein erster Mann roch nach Zimt. Mein zweiter ebenfalls. Und jetzt Sie. Und ich liebe Zimt.«

Sie sah zu mir auf. »Und nun machen Sie sich bloß keine Sorgen, weil meine ersten beiden Männer gestorben sind. Ihnen wird nichts passieren. Ich habe nur dieses instinktive Gefühl, daß Sie wahrscheinlich der letzte zimtige Mann sind, der mir im Leben begegnen wird, und diese Chance kann ich einfach nicht vorbeigehen lassen.«

»Ma'am«, sagte ich steif, »worauf wollen Sie hinaus?«
»Schicksal«, sagte sie. »Wir beide – Sie und ich.«
Und wie sich herausstellte, hatte sie völlig recht.

Originaltitel: THE SCENT OF CAMELLIAS. 3/78

Ed Dumonte

Wohin mit der Leiche?

Ich fing an, mir über Ron Jourday Sorgen zu machen, als er nicht zum Mittagessen kam. Der Star-Pitcher unseres Baseballteams am Provinz-College hatte zwar schon des öfteren seine Morgenvorlesungen verschlafen, aber dieses war das erste Mal, daß der große Lackel sich eine Mahlzeit entgehen ließ.

Auf Anraten seines Trainers war Ron während der Ferien am La Croix College geblieben. Die drei Monate zusätzlichen Trainings gaben ihm den besonderen Schliff, der ihn im letzten Jahr dazu befähigt hatte, für uns die regionale College-Meisterschaft zu gewinnen. Als Starathlet und überhaupt Held des Campus war Ron der beliebteste Gast im Pilot House. Meinen Freunden und mir war keine Mühe zu groß, wenn es darum ging, dafür zu sorgen, daß er sich wohl fühlte.

O'Dell gab ihm Kredit an den Würfeltischen. In der Bar durfte er anschreiben lassen, obwohl Martha niemandem sonst dieses Recht einräumte. Ich war manchmal ein bißchen lasch, die Miete von ihm zu kassieren. Und wenn er nicht zum Mittagessen erschien, fühlte ich mich veranlaßt, auf sein Zimmer zu gehen und nachzuschauen, ob etwas nicht in Ordnung war. Ron war schließlich Baseballspieler und über einsachtzig groß. Vielleicht schaffte er es nicht, sich alleine die Schnürsenkel zuzubinden.

Als mein Klopfen unbeantwortet blieb, schloß ich die Tür mit meinem Hauptschlüssel auf. Die Jalousien waren heruntergelassen, und das Zimmer lag im Halbdunkel. Kalter Rauch hing in der Luft. Ein flüchtiger Hauch von etwas anderem erregte eine Sekunde lang meine Aufmerksamkeit, aber dann war es verflogen, und ich konnte nicht sagen, was es gewesen war. Der Boden war übersät mit Papieren, Zeitschriften und schmutzigen Kleidungsstücken. Bücher waren in den Ecken aufgestapelt und setzten Staub und Spinnweben an. Mitten auf dem Bett, unter einem Knäuel von Deckel, lag eine Gestalt, die ich sofort erkannte.

»Ron! Ron, aufwachen!« sagte ich und zog die Decken weg. »Was ist denn los? Bist du tot?«

Und verflucht noch mal, das war er tatsächlich.

Vielleicht ist an dieser Stelle ein Wort der Erklärung angebracht. Mir gehört das Pilot House, und in den letzten vier oder fünf Jahren habe ich es als eine Art Pension für die Studenten geführt. Ich erbte das Haus von einer unverheirateten Tante, die starb, als ich selbst noch hier aufs College ging. Ich war dem alten Mädchen natürlich dankbar, aber was ich wirklich wollte und brauchte, war eigentlich Geld.

Pilot House ist eine Villa mit dreißig Zimmern, direkt am Flußufer gelegen. Mein Großvater hat es vor achtzig Jahren selbst gebaut. Als meine Tante starb, war das Haus bis zum letzten Dachziegel verschuldet.

Als neuer Herr des Familienanwesens stand ich nun vor der Wahl zwischen zwei gleichermaßen unangenehmen Möglichkeiten: Ich konnte das College verlassen, mir einen Job suchen, die Schulden abbezahlen und dann mit einem Haus dasitzen, das viel zu groß für mich war. Oder ich konnte es gleich verkaufen, von dem Geld die Schulden bezahlen und wieder bei Null anfangen. Erst ganz allmählich kristallisierte sich eine dritte Möglichkeit heraus.

Ich ließ ein paar Studenten im Pilot House wohnen, gegen eine sehr geringe Miete und mit der Auflage, daß sie ein bißchen bei der Instandsetzung des Hauses mitarbeiteten. Dieses Arrangement war für beide Seiten außerordentlich befriedigend. Die Studenten konnten bei mir für die Hälfte des Geldes leben, das ihre Eltern ihnen für Miete bewilligten, und den Rest für Mädchen und Getränke ausgeben. Und ich bekam eine Menge Reparaturen umsonst erledigt, daß nach einem Jahr Pilot House fast schon wieder in alter Herrlichkeit erstrahlte. Dann erhöhte ich natürlich die Miete.

Trotzdem kam ich gegen den Berg von in fünfzig Jahren angewachsenen Steuerrückständen einfach nicht an. Merkwürdigerweise wurde auch das von meinen Mietern erledigt. Auf der Suche nach etwas Neuem und Interessanterem, das sie mit dem Geld ihrer Eltern anstellen konnten, führten sie einen regelmäßigen Pokerabend ein, und zwar immer freitags.

Weil Glücksspiele in unserem Bundesstaat verboten sind und

ich ein beträchtliches Risiko einging, wenn ich es trotzdem in meinem Haus erlaubte, fühlte ich mich völlig gerechtfertigt, einen gewissen Prozentsatz jedes Einsatzes für mich zu verlangen. Und da die durstigen Spieler auch Erfrischungen brauchten, stellte ich ein Mädchen ein, das Getränke servierte, woraus ich ebenfalls einen bescheidenen Profit schlagen konnte.

Aus diesen kleinen Anfängen entwickelte sich Pilot House allmählich zu dem Palast, den mein Großvater vor Augen gehabt hatte. Im ausgebauten Dachboden stehen jetzt ein Dutzend Spielautomaten, ein Roulettetisch und zwei Würfeltische, außerdem wird Siebzehnundvier, Poker und Pharo gespielt. Das Untergeschoß beherbergt eine dreißig Meter lange Bar, eine kleine Tanzfläche mit indirekter Beleuchtung und eine Truppe beflissener Kellnerinnen. Das Geschäft geht ausgezeichnet, ich kann nicht klagen.

Friede und Wohlstand in Pilot House jedoch waren jetzt dadurch gefährdet, daß einer meiner Mieter unerklärlicherweise das Zeitliche gesegnet hatte.

Einen Augenblick lang empfand ich tiefe Trauer über den Verlust meines Freundes. Die Trauer verflog, als mir aufging, daß mein toter Freund mir nichts als Ärger einbringen würde. Wie sollte ich seinen Tod erklären? Und wenn die Polizei kam, um die Umstände seines Todes zu untersuchen, wie sollte ich dann die Existenz eines illegalen Spielsalons im Dachboden und einer unerlaubten, unlizenzierten Bar im Untergeschoß erklären?

Dieser Gedankengang brachte mich auf meine Partner O'Dell und Martha. Ich würde ihnen von Ron Jourday erzählen müssen. Bei O'Dell würde das leicht sein, hatte ich das Gefühl. Er war nicht der Typ, der sich von einer Leiche im Haus beunruhigen ließ. Martha neigte schon eher dazu, sich von so etwas aus der Fassung bringen zu lassen.

Ich verließ Jourdays Zimmer, schloß sorgfältig hinter mir ab und machte mich auf den Weg in den dritten Stock, wo O'Dell, Martha und ich wohnten. In separaten Wohnungen natürlich. O'Dell war nach LaCroi gekommen, nachdem er von einigen der besten Colleges im Land geflogen war. Er hatte mir einmal erzählt, daß er die übliche akademische Laufbahn eingeschlagen hätte. Er hatte als Medizinstudent angefangen, es sich dann anders überlegt, und war auf Jura umgestiegen.

Von Jura wechselte er zur Technik, von der Technik auf freie Künste, von da zur Philologie. »Wenn ich mit der Philologie durch bin«, hatte er gesagt, »wird mir nichts anderes übrigbleiben, als Lehrer zu werden.«

Statt dessen kam er ins Pilot House, entdeckte meine Würfeltische und fand seine wahre Bestimmung im Leben. Sein Glück bei allen möglichen Arten von Spielen war phänomenal. Es war billiger, ihn als Partner aufzunehmen, als ihm das Geld auszubezahlen, das er von mir gewonnen hatte. Mit O'Dell und den üblichen Vorteilen auf meiner Seite, war das Kasino eine kleine Goldmine.

Ich klopfte an die Tür von O'Dells Zimmer. Nach einer Weile wurde sie von einem Mädchen geöffnet. Es gilt als eine der Grundregeln im Pilot House, sich nicht in die Privatangelegenheiten anderer Leute einzumischen, aber O'Dells Privatangelegenheiten waren es wirklich wert, beobachtet zu werden, allein schon wegen ihres Erfahrungswertes. Das Mädchen, das mir die Tür öffnete, hatte feuerrotes Haar. Der untere Teil ihres Gesichtes war von einem dünnen, seidigen Schleier verdeckt, und als sie mich ins Zimmer zog, sah ich, daß sie ein Gewand aus dem gleichen dünnen, glänzenden Material trug.

»Tritt ein, *effendi*. Ich sehe, daß dir meine *houri* gefällt.«

»Wie buchstabiert man das?« wollte ich wissen.

O'Dell saß auf einem kleinen Berg von Kissen. In der Hand hielt er einen Gummischlauch, der zu einer Wasserpfeife auf dem Boden neben den Kissen führte. Auf dem Kopf trug er einen Turban und am Körper ein Gewand aus etwas festerem Material als das des Mädchens.

»Miss Kitchmeyer und ich studieren gerade die alten Weisheiten des Orients«, erklärte er. »Wir haben festgestellt, daß die richtige Atmosphäre unsere Konzentration erhöht.«

»Die Weisheiten, die Miss Kitchmeyer und du studieren«, antwortete ich ihm, »sind auch im Mittelwesten wohlbekannt, und die Atmosphäre spielt dabei die geringste Rolle.«

Ich sagte O'Dell, daß ich etwas Wichtigeres als alte Weisheiten mit ihm zu besprechen hätte, und mit einem ehrfürchtigen

Salaam nahm Miss Kitchmeyer ihre Kleider an sich und verließ das Zimmer.

Während O'Dell aus seiner Sultanrobe in Jeans und T-Shirt umstieg, erzählte ich ihm, daß ich Ron Jourdays Leiche gefunden hatte. O'Dell war etwa dreißig Jahre alt, groß und knochig und trug eine Brille mit dicken Gläsern. Er war der Typ, den man bestimmt als Kind Brillenschlange gerufen hatte.

O'Dell folgte mir durch die Gänge zu Jourdays Zimmer im zweiten Stock. Drinnen schloß und verriegelte er die Tür und zog eine Lampe ans Bett, um die Leiche besser untersuchen zu können.

»Wahrscheinlich ist es am besten, wenn wir erst einmal versuchen, herauszufinden, woran er gestorben ist«, sagte er und zog die Decken von der Leiche. »Wenn er eines natürlichen Todes gestorben ist und nicht an dem billigen Fusel, den du unten verkaufst, können wir vielleicht genügend belastendes Beweismaterial verschwinden lassen und diese Höhle der Schandbarkeit als ehrbare Pension für Studenten ausgeben. Zumindest für ein paar Stunden, die die Polizei hier sein wird.«

Ein schneller Blick durch das Zimmer zeigte mir die belastenden Beweismaterialien. Chips aus dem Kasino, Getränkebons aus der Bar und die Telefonnummern mehrerer beflissener Kellnerinnen. Ron Jourday war mehr als nur ein Freund und Hausbewohner gewesen, er war auch ein guter Kunde. Ich fing an, verschiedene Dinge verschwinden zu lassen, aber O'Dell riß mich aus dieser Tätigkeit heraus mit den vier schrecklichen Worten:

»Hast du ihn umgebracht?«

»Habe ich –« Ich konnte richtig fühlen, wie meine Augen starr wurden und wie mir die Kinnlade herunterklappte. »O'Dell, niemand hat ihn umgebracht. Er ist einfach gestorben. Stimmt's?«

»Nein, tut mir leid«, sagte er. »Jourday ist vergiftet worden. Und nicht von deinem Essen oder deinem Fusel. Bevor ich aus der medizinischen Fakultät rausflog, hatte ich die Gelegenheit, mich mit mehreren Leichen zu befassen. Die Leichen, die uns zur Verfügung gestellt wurden, gehörten oft Selbstmördern, und ich habe einige gesehen, die es mit Gift gemacht hatten. Jourday zeigt alle klassischen Erkennungsmerkmale. Sieh dir die Augen an, die geweiteten Pupillen, und die angespannten Bauchmuskeln. Es war ein relativ schnell wirkendes Gift. Seine Muskeln sind verkrampft, als habe er versucht, das Gift wieder zu erbrechen. Aber es tötete ihn, bevor er seinen Magen entleeren konnte. Ich würde sagen, es handelte sich um ein Gift aus der Gruppe der Zyanide.«

Im hellen Licht der Lampe neben dem Bett sah Jourdays Körper verzerrt und häßlich aus. Seine Muskeln waren verspannt und erstarrt, der Rücken gewölbt, Arme und Beine in seltsamen Stellungen verzerrt.

Ich setzte mich aufs Bett und versuchte, etwas Sinn in die Konfusion meiner Gedanken zu bringen. Gift deutete auf mehrere Möglichkeiten hin. Ein tragischer Unfall. Oder – aus irgendwelchen unergründlichen Motiven – Selbstmord. Oder –

»Mord«, sagte O'Dell. »Wenn es ein Unfall oder Selbstmord gewesen wäre, gäbe es Anzeichen dafür. Eine leere Medizinflasche zum Beispiel, oder ein Glas neben dem Bett. Es ist kaum wahrscheinlich, daß er in diesen Fällen erst alles weggeräumt hätte. Deshalb: Mord.«

Damit verließ mich auch der letzte Rest von Vernunft, und die Hysterie machte sich in mir breit.

»Bist du sicher?« fragte ich. »Daß es Gift war, meine ich.«

»Nein, das bin ich nicht«, sagte er gleichgültig, »aber ich könnte eine Autopsie durchführen, um mich zu vergewissern.«

»Mach dich nicht lächerlich. Du kannst gar keine Autopsie durchführen.«

»Natürlich kann ich das. Ich weiß ziemlich genau, wo ich schneiden und wonach ich suchen muß. Wir könnten es im Badezimmer machen. Dann haben wir hinterher nicht so viel Arbeit mit dem Saubermachen.«

»Hör sofort auf!« schrie ich ihn an. Ich hatte genug Ärger, ohne mich auch noch über O'Dells irren Humor aufregen zu müssen.

Wir hatten eine Leiche am Hals. Unter normalen Umständen würde es eine polizeiliche Untersuchung geben. Aber wenn Jourday vergiftet worden war und wenn es Mord war, wie O'Dell sagte, würde die Polizei Pilot House mit einem ganz feinen

Kamm durchkämmen. Selbst wenn wir die Bar und die Spielgeräte abbauen und aus dem Haus schaffen könnten, würde bestimmt irgendeiner der Hausbewohner sich verplappern.

»Wir müssen die Leiche wegschaffen«, sagte ich zu O'Dell. Das war mein erster logischer Gedanke, seit wir das Zimmer betreten hatten.

»Okay«, antwortete er, »aber wir erreichen damit nur, daß wir etwas Zeit herausschinden. Sobald die Polizei feststellt, daß Jourday vergiftet worden ist, werden sie genau nachfragen, was er in den letzten Tagen getrieben hat, wo er gewesen ist, und ganz sicher werden sie da anfangen, wo er gewohnt hat.«

O'Dell hatte recht. Die Verzweiflung packte mich wieder.

»Aber wir können trotzdem etwas tun.«

»Schön. Was?«

»Wir können die Leiche unterschlagen, bis wir wissen, wer ihn umgebracht hat. Wenn wir der Polizei dann den Mörder mit der Leiche liefern, müßten sie eigentlich zufrieden sein. Selbst wenn die Leiche dann schon ein paar Tage alt ist.«

Es war ein wahnwitziger Einfall. Aber Pilot House von der Polizei schließen zu lassen, war ebenfalls wahnwitzig, und genauso wahnwitzig war es, die nächsten dreißig Jahre vielleicht im Gefängnis zu verbringen. Ich war so verzweifelt, daß mir jeder Strohhalm recht war.

»Natürlich kann der Schuß auch nach hinten losgehen«, tröstete O'Dell mich. »Wenn sich herausstellt, daß einer der Mieter Jourday ermordet hat, verpfeift er eventuell alles, bevor sie ihn hängen, und dann wird Pilot House trotzdem zugemacht.«

»Eine kleine Chance ist besser als gar keine Chance«, sagte ich. »Außerdem, warum sollte irgend jemand in Pilot House Jourday ermorden wollen?«

»Das ist eine der Fragen, die wir beantworten müssen.« O'Dell sah sich im Zimmer um und überlegte, wie unser erster Schritt zur Klärung des Falles aussehen könnte. »Wahrscheinlich fangen wir am besten damit an, die Leiche aus dem Zimmer zu schaffen. Jourday hatte Freunde, die ihn vielleicht besuchen wollen.«

Wir würden ihn nur mit vereinten Kräften bewegen können. Jourday war über einen Meter achtzig groß und wog mehr als zweihundert Pfund. Und wir würden ihn in etwas einwickeln müssen. Ron hielt nämlich offensichtlich nichts von Schlafanzügen.

»Wie wäre es mit einem Leintuch?« schlug er vor.

»Meinst du nicht, daß es ein bißchen komisch aussehen würde, wenn wir zwei mit einem zweihundert Pfund schweren Leintuch durch die Gegend laufen?«

Also entschieden wir uns für den Teppich. Mit einiger Mühe und begleitet von gelegentlichem Rumpeln, wenn einer von uns sein Ende fallen ließ, schleppten wir die Leiche auf den Teppich und rollten sie darin ein. Dann machten wir uns Gedanken darüber, wo wir unseren Freund bis nach Einbruch der Dunkelheit verstecken konnten.

»Alle Zimmer sind belegt«, sagte ich. »Und die Bar und das Kasino kommen nicht in Frage. Die machen gleich auf.«

»Wie wäre es mit deinem Zimmer?« meinte O'Dell.

»Kommt nicht in Frage. Jourday hatte Schulden im Pilot House, also bin ich sowieso schon verdächtig. Wenn die Leiche in meinem Zimmer gefunden würde, würden sie mich aufhängen, ohne mich auch nur nach meinem Namen zu fragen. Warum bringen wir ihn nicht in dein Zimmer?«

»Kommt genausowenig in Frage. Ich mache mich sowieso schon der Beihilfe schuldig. Ich will Jourday nicht bei mir herumliegen haben, damit er mich auch noch ständig daran erinnern kann.«

Nachdem wir also beide als Wächter der behelfsmäßigen Leichenhalle nicht in Frage kamen, nominierten wir ganz automatisch Martha. Martha teilte mit uns all unsere Freuden und Sorgen. Es war also nur recht und billig, daß sie auch Ron Jourday mit uns teilte.

Martha war eine kleine, dunkelhaarige junge Frau, die als Serviererin bei den freitäglichen Pokerspielen im Pilot House angefangen hatte. Als diese Aktivitäten immer umfangreicher wurden, erweiterte sich auch Marthas Arbeitsbereich. Sie organisierte die Cafeteria und verkaufte Essensbons. Sie übernahm die Verantwortung für die Bar, die ich im Untergeschoß einrichtete. Sie kümmerte sich um die beflissenen Kellnerinnen, die wir einstellten, und achtete darauf, daß sie während der Arbeitszeit nicht allzu zutraulich wurden. Sie war schon eine tolle Frau.

Pilot House lief ganz gut, auch wenn O'Dell und ich uns nicht weiter darum kümmerten. Wenn Martha jedoch gehen würde, würde das Haus zu Staub zerbröseln und in den Fluß rutschen.

Wir schleppten den Teppich mit Jourday die Treppe hinauf zu Marthas Wohnung im dritten Stock. Ich klopfte an die Tür. Sie wollte gerade gehen.

»Was ist das denn?« fragte sie und musterte den Teppich mißtrauisch, als wir ihn ins Zimmer zerrten und in einer Ecke an die Wand lehnten.

»Ein Teppich«, sagte O'Dell. »Hast du noch nie einen Teppich gesehen?«

»Jedenfalls noch keinen, der so aussieht, als wäre eine Leiche darin eingewickelt.«

»Habe ich dir heute schon gesagt, daß du wunderbar aussiehst?« fragte ich, küßte sie auf die Wange und führte sie zur Tür. »Aber ich glaube, aus der Küche riecht es angebrannt.«

»Ich gehe erst, wenn ich weiß, was in diesem Teppich steckt.«

»Das können wir dir nicht sagen«, entgegnete O'Dell. »Es ist eine Überraschung.«

»Eine Überraschung? Für mich?« Martha strahlte. »Ihr habt doch nicht etwa tatsächlich daran gedacht, daß ich morgen Geburtstag habe?«

Ich sah nur dämlich aus der Wäsche. Während O'Dell geistesgegenwärtig für uns beide die Situation rettete.

»Natürlich haben wir daran gedacht. Aber du darfst nicht neugierig sein, sonst ist die ganze Überraschung verdorben.«

Martha tänzelte zur Arbeit davon, und nachdem die Leiche für die nächsten Stunden sicher verstaut war, machten O'Dell und ich uns wieder an die schwierige Aufgabe, den Mordfall zu klären. O'Dell breitete mir seinen Plan aus.

»Zuerst müssen wir feststellen, um welche Zeit Jourday ermordet wurde«, sagte er. »Dann finden wir heraus, wer um diese Zeit bei ihm war, und schon haben wir den Mörder.«

»Glaubst du, das klappt?«

»Ich habe es schon Hunderte von Malen im Fernsehen gesehen oder in Büchern gelesen. Es klappt immer.«

Wir gingen zurück in Jourdays Zimmer, um nachzusehen, ob wir irgendeinen Hinweis auf die Todeszeit finden könnten. Wir wußten zwar nicht genau, nach was wir suchten, aber eine schnelle Durchsuchung des Zimmers brachte mehrere potentielle Mordmotive zum Vorschein: unbezahlte Mietrechnungen und Schuldscheine des Kasinos, die sich insgesamt auf mehr als zweihundert Dollar beliefen. Unglücklicherweise schienen all diese Indizien darauf hinzuweisen, daß *ich* Jourday umgebracht hatte, weil er seine Schulden nicht bezahlte.

»Wir waren nicht die einzigen, denen er Geld schuldete«, sagte ich zu O'Dell. »Hier sind auch Schuldscheine für einen gewissen Sid Jackson in Höhe von etwa fünfzig Dollar.«

»Ich kenne Jackson«, sagte er. »Ein kleiner Buchmacher mit einem Büro in der Stadt. Das Kasino hat gelegentlich mit ihm zu tun. Er hat Kontakte zum Syndikat, und wenn die Wetten für uns zu hoch werden, geben wir sie an ihn weiter.«

»Glaubst du, daß er Jourday umgebracht haben könnte?«

»Wegen fünfzig Dollar? Ich glaube, daß die Polizei immer noch auf dich tippen würde.«

O'Dell fand einen Hefter mit Kontoauszügen, der ganz hinten in einer Schublade versteckt war. Jourday hatte nichts auf dem Konto, aber ein paar Seiten weiter hinten konnte man sehen, daß Jourday vor fast genau einem Jahr zweitausendfünfhundert Dollar eingezahlt hatte.

»Bedeutet das etwas?« fragte ich.

»Es bedeutet vielleicht, daß er letztes Jahr auf sich selbst und die Baseball-Meisterschaft gewettet und gewonnen hat.«

Unser erstes solides Beweisstück war recht dürftig. Ich fand es unter Jourdays Bett.

»Meinst du, daß unser großer Baseballspieler insgeheim so was getragen hat?« fragte ich und hielt meinen Fund hoch.

»Nein, er ist nicht der Typ für Unterwäsche aus schwarzer Spitze.«

»Und was folgern Sie aus diesem Fund, Maestro?«

»Aus diesem winzigen Spitzengewebe«, sagte O'Dell, »und aus einer weiteren kleinen, aber wertvollen Information, die du anscheinend übersehen hast, folgere ich, daß Ron letzte Nacht ein Mädchen bei sich hatte, daß sie mitten in der Nacht übereilt das Weite gesucht und daß sie hier war, als er starb.«

»Das ist eine ausgezeichnete Schlußfolgerung, wenn man

bedenkt, daß er dieses Wäschestück schon vor drei Wochen für seine Großmutter gekauft haben könnte.«

»Meine Folgerungen sind natürlich nur erste Gehversuche auf dem Weg zur Lösung des Rätsels«, meinte O'Dell bescheiden. »Aber der wichtigste Beweis ist nicht der Fummel schwarzer Unterwäsche, den du in deiner heißen kleinen Faust hältst, sondern der Wecker neben dem Bett.

Es handelte sich um einen Aufziehwecker, und er lief noch. Er war auf fünf Uhr eingestellt. Der Weckknopf war herausgezogen.

»Kapiere ich nicht.«

»Aus der Tatsache, daß der Wecker auf fünf Uhr gestellt ist, können wir schließen, daß Jourday letzte Nacht ein Mädchen bei sich hatte«, begann O'Dell an den Fingern abzuzählen. »Oder hast du schon einmal erlebt, daß Jourday vor zehn Uhr aufgestanden ist? Natürlich nicht. Folglich wurde der Wecker für jemand anderen gestellt. Jemand, den er aus dem Haus haben wollte, bevor die anderen aufstanden. Also ein Mädchen.

Aus der Tatsache, daß der Weckknopf nicht hineingedrückt ist, können wir schließen, daß niemand den Wecker abgestellt hat. Er hat geklingelt, bis er abgelaufen war. Und nun fragen wir uns, weshalb er nicht abgestellt wurde. Weil um fünf Uhr heute morgen Jourday bereits tot und das Mädchen gegangen war. Als die beiden letzte Nacht hierherkamen, stellten sie den Wecker. Zwischen diesem Zeitpunkt und fünf Uhr heute morgen starb Jourday, und das Mädchen lief weg, wobei sie vergaß, den Wecker abzustellen. Sie vergaß ebenfalls ihr Höschen.«

Ich muß zugeben, daß O'Dells Folgerungen mich sehr beeindruckten. Dann erinnerte ich mich daran, daß ich, als ich die Leiche entdeckte, etwas gerochen hatte. Ganz flüchtig. Aber jetzt wußte ich, was es war. Parfüm.

Es schien, als hätte ein einziger Hinweis uns den Schlüssel zum Geheimnis geliefert. Was konnten wir als nächstes tun? Sollten wir durch die Stadt laufen und versuchen, ein schwarzes Spitzenhöschen an allen gutaussehenden Mädchen auszuprobieren?

»Nein«, sagte O'Dell dazu. »Ich würde sagen, daß der nächste logische Schritt darin liegt, Martha und die Kellnerinnen zu fragen. Vielleicht haben Jourday und das Mädchen in der Bar noch etwas getrunken, bevor sie aufs Zimmer gingen.«

In der Bar setzten wir uns an die Theke und genehmigten uns einen Drink, während wir zusahen, wie Martha ihre Truppe beflissener Kellnerinnen dirigierte. Die letzte Vorlesung am College war um vier Uhr aus. Bald würde eine Horde durstiger Studenten kommen und Bar und Kasse füllen.

Nach kurzer Zeit gesellte Martha sich zu uns, und ich schenkte ihr einen Drink aus ihrer ganz privaten Flasche ein.

»Seid ihr gekommen, um mir zu sagen, was sich hinter der Überraschung verbirgt?« fragte sie. »Ich sterbe fast vor Neugier.«

»Sterben hat schon etwas damit zu tun«, sagte O'Dell.

»Wir sind geschäftlich hier«, sagte ich hastig, um die Unterhaltung von diesem heißen Eisen wegzuführen. »Hast du Ron Jourday in letzter Zeit gesehen?«

»Nein, nicht daß ich wüßte.«

»Kannst du die Mädchen mal fragen? Es ist ziemlich wichtig.«

Martha verließ uns und ging zu der Gruppe von Mädchen, die herumstanden, sich schmutzige Witze erzählten und darauf warteten, daß die Gäste kamen.

»Hast du schon daran gedacht«, fragte O'Dell, »daß das Mädchen, das letzte Nacht bei Jourday war, eines deiner Häschen sein könnte?«

»Ich wäre froh, du würdest eine andere Formulierung wählen«, beklagte ich mich. »Es sind nicht *meine* Häschen. Sie arbeiten nur hier.«

O'Dell sagte: »Übrigens hätte es auch Martha sein können.«

»Übrigens kannst du gern eine Ohrfeige haben.«

»Ein guter Detektiv muß jeden verdächtigen, bis über jeden Zweifel erhaben seine Unschuld bewiesen ist.«

Ich dachte, es wäre genau andersherum.«

»Das ist doch altmodisch«, meinte O'Dell.

Martha kam mit den Informationen zurück, die wir haben wollten. Ich schenkte ihr einen weiteren Drink ein, und auch einen für O'Dell und mich.

»Eines der Mädchen hat Jourday gestern abend hier gesehen«, sagte sie. »Es war nach ein Uhr, kurz vor Schluß.«

»Und er hatte ein Mädchen dabei«, riet O'Dell.
»Stimmt. Woher weißt du das?«
»Woher wir das wissen, spielt im Augenblick keine Rolle«, sagte ich. »Hat die Kellnerin das Mädchen erkannt?«
»Ja«, sagte Martha. »Es war Barbara Webster, die Tochter des Baseballtrainers Hank Webster. Jourday hat in jeder Baseballsaison was mit ihr gehabt.«
»Heureka!« rief O'Dell und schenkte uns allen zur Feier des Augenblicks einen weiteren Drink ein.
Martha fuhr fort: »In letzter Zeit hat er davon gesprochen, daß er bald das große Geld machen würde.« Sie legte eine Pause ein, damit wir diese Information verdauen konnten, und fügte mit leiser Stimme hinzu: »Im Vertrauen darauf habe ich ihm etwas Geld aus der Kasse geliehen.«
»Du hast ihm Geld geliehen? Geld aus der Geschäftskasse? Wieviel hat er dir denn abgeknöpft?«
»Vierzig Dollar«, sagte sie. »Aber ich bin sicher, daß er sie zurückzahlen wird.«
»Es wäre die vierzig Dollar wert zu sehen, wie er das anstellt.« Im Kopf überschlug ich blitzschnell die sich allmählich akkumulierenden Summen. Jourday schuldete dem Kasino mehr als zweihundert Dollar, er war mit etwa hundert Dollar oder so mit der Miete im Rückstand, und jetzt kamen noch mal vierzig Dollar hinzu. Damit kam ich auf knapp vierhundert schwerverdiente Dollar, die ich nie wiedersehen würde.
O'Dell hatte es eilig, die Bar zu verlassen. Jetzt, da er den Mord gelöst hatte, wollte er die Sache endgültig hinter sich bringen und sich wieder seinen Privatangelegenheiten zuwenden, was ich gut verstehen konnte. Aber wir hatten immer noch eine Leiche im Haus, die wir loswerden mußten.
»He, warte mal einen Augenblick. Ihr habt was vergessen!« rief Martha hinter uns her. »Acht Drinks, das macht vier Dollar achtzig.«
»Seit wann berechnest du uns denn die Drinks aus deiner eigenen Flasche?«
»Ihr habt mich doch eingeladen, oder nicht.«
Diese Martha war schon eine Frau nach meinem Herzen.
Auf dem Weg die Treppe hinauf sprach O'Dell über unseren

nächsten Schritt.

»Einen Augenblick mal«, unterbrach ich ihn. »Welchen nächsten Schritt? Ich dachte, wir wären fertig. Wir haben den Mord aufgeklärt. Jetzt müssen wir nur noch Jourday zur Polizei bringen und erzählen, daß Barbara Webster ihn umgebracht hat.«

»Du vergißt dabei nur ein paar Kleinigkeiten. Erstens denke ich nicht, daß die Polizei daran gewöhnt ist, Leichen frei Haus geliefert zu bekommen. Ich glaube, sie würden sich bestimmt fragen, weshalb wir ihn nicht im Bett liegengelassen und sie gerufen haben. Zweitens halte ich es für unwahrscheinlich, daß sie glauben werden, daß eine unbescholtene junge Frau Jourday ermordet hat, nur weil wir beide das sagen. Es würde trotzdem eine Untersuchung geben, und diese Untersuchung würde genau hier anfangen.«

»Also was machen wir?«

»Wir brauchen eindeutigere Beweise«, sagte O'Dell. »Zum Beispiel ein Geständnis des Mädchens oder einen Augenzeugen. Dann können wir das Mädchen zur Polizei bringen, zusammen mit den Beweisen ihrer Schuld, Jourday wieder ins Bett legen, als hätten wir ihn nie herausgeholt, und die Polizei würde nichts anderes zu tun haben, als die Leiche abzuholen und das Mädchen zu hängen.«

»Du drückst dich immer so zartfühlend aus«, sagte ich. »Aber meinetwegen. Eines ist klar, wir werden niemanden finden, der gesehen hat, was sich mitten in der Nacht in Jourdays Zimmer abgespielt hat. Wie bringen wir also das Mädchen so weit, daß es gesteht?«

»Nun, da bieten sich zwei Möglichkeiten an«, sagte O'Dell nachdenklich. »Wir können sie mit dem Beweismaterial konfrontieren, das wir haben, und ihr auf den Kopf zusagen, daß wir wissen, daß sie Jourday umgebracht hat. Oder wir können mit dem Auto an ihrem Haus vorbeifahren und die Leiche abladen, so daß sie sie vor ihrer Tür findet. In beiden Fällen wird sie, sobald sie sieht, daß wir sie überführt haben, tödlich erbleichen, in Tränen ausbrechen und die schändliche Tat gestehen.«

»Ja, ich weiß – das hast du schon tausendmal im Fernsehen gesehen. Also gehen wir zu ihr und reden mit ihr.«

Durch einen Anruf in der Universität erfuhren wir Barbaras Adresse und von der Tatsache, daß sie Abendvorlesungen besuchte. Wenn sie auch heute hingegangen war, konnten wir sie vor dem Hörsaal abpassen.

Wir nahmen mein Auto und parkten es auf der gegenüberliegenden Straßenseite des Gebäudes, in dem Barbaras Vorlesung stattfand. Ich wartete hinter dem Steuer, während O'Dell die Straße überquerte und mehrere Studentinnen nach dem Verbleib von Barbara Webster fragte. Schließlich tippte er einer der jungen Damen auf die Schulter, zeigte ihr seine Brieftasche und folgte ihm zu unserem Auto.

Barbara war eine große, blonde Walküre. Sie stieg ein und setzte sich auf den Vordersitz zwischen O'Dell und mich, während ich zu einer Stelle fuhr, wo wir in Ruhe reden konnten.

»Das ist kein Polizeiauto«, sagte sie schließlich. »Ich dachte, Sie seien von der Polizei.«

»Schlechtes Gewissen, was?« fragte O'Dell.

»Wir sind Freunde von Ron Jourday«, sagte ich.

»Hat Ron Sie geschickt?«

»In gewisser Weise hat er das tatsächlich getan.«

Ich parkte in einer ruhigen Seitenstraße. Ich spürte, wie das Mädchen sich verkrampfte, und sie sah O'Dell und mich mit großen, ängstlichen Augen an.

»Also gut, Schluß mit dem Versteckspielen«, sagte O'Dell drohend. »Jourday hat uns nicht geschickt, und Sie kennen den Grund. Ron Jourday ist letzte Nacht gestorben, und Sie haben ihn umgebracht. Das hier hat uns auf Ihre Spur gebracht.« Er zog das schwarze Spitzenhöschen aus seiner Tasche und hielt es ihr vors Gesicht.

Das Mädchen wurde leichenblaß, brach in Tränen aus und gestand die ganze, schreckliche Affäre, genau wie O'Dell es vorhergesagt hatte. Aber die schmutzige Affäre, die sie gestand, war nicht ganz das, was O'Dell und ich uns vorgestellt hatten.

»Ja, es stimmt. Ich war gestern nacht bei Ron«, schluchzte sie in ihr Taschentuch. »Ich wußte, daß er nur während der Baseballsaison mit mir ging, weil ich die Tochter des Trainers bin, aber«, ein Schnüffeln, »ich liebte ihn. Ich ging letzte Nacht mit auf sein Zimmer in der Hoffnung, daß –«

»Und als Sie feststellten, daß er sich nicht geändert hatte, ermordeten Sie ihn«, beendete O'Dell den Satz für sie. »Nun, die Geschichte hört sich gut an, und kein Gericht der ganzen Welt würde Sie schuldig sprechen. Wenn Sie uns alles nun bitte schriftlich geben würden –«

»Aber ich habe ihn nicht umgebracht«, heulte sie. »Wie hätte ich das denn tun können? Ich liebte ihn doch. Ich weiß nicht, wie es passiert ist. Ich hatte den ganzen Tag über Angst davor, daß jemand mich einer schrecklichen Tat beschuldigen würde, wenn man mich erst einmal gefunden hatte.«

»Also, was ist letzte Nacht passiert, Barbara?«

»Ich weiß es nicht. Ich wurde so gegen halb vier Uhr wach, und Ron hatte einen Anfall oder so etwas. Es dauerte höchstens zwei oder drei Minuten, dann war er tot. Seine Augen waren weit aufgerissen und sein Gesicht völlig verzerrt – ich wußte nicht, was ich tun sollte. Also lief ich weg.«

O'Dell und ich sahen einander fragend an, während Barbara sich daranmachte, ein frisches Taschentuch naßzuweinen. Ich glaubte ihr. Ich konnte sehen, daß auch O'Dell ihr glaubte, wenn auch sichtlich ungern.

»Also schön, Sherlock«, sagte ich zu ihm. »Wir haben herausgefunden, wann Jourday umgebracht wurde und wer zu diesem Zeitpunkt bei ihm war. Genau wie es im Buch steht. Und was machen wir jetzt?«

Einen Augenblick lang herrschte tiefes Schweigen, während O'Dell sich Gedanken über unsere Lage machte.

»Wie ich es sehe, muß uns ein Irrtum unterlaufen sein«, sagte O'Dell nach einer Weile.

»Und das ist nun deine wohlüberdachte Meinung, ja?«

»Offensichtlich handelt es sich hier um einen der seltenen Fälle, in denen die Feststellung der Tatzeit und der Person, die sich zur Tatzeit am Tatort befand, nicht so wichtig ist wie herauszufinden, wie und aus welchem Grund die Tat begangen wurde.«

»Und was machen wir jetzt?« wollte ich erneut wissen.

»Wir fangen wieder ganz von vorne an, nur konzentrieren wir dieses Mal unsere Untersuchung auf das Wie und das Warum. Dieser Irrtum bisher lag darin, daß wir uns Schranken auferlegt haben. Vielleicht haben wir wichtige Hinweise übersehen, bloß weil sie nicht in unser Konzept paßten.«

»Und wie heißt das alles im Klartext?«

»Im Klartext heißt das, daß wir wieder damit anfangen, Jourdays Zimmer zu durchsuchen.«

Bei der Erwähnung von Jourdays Namen fing Barbara wieder zu flennen an.

»Wann genau haben Sie sich gestern mit Jourday getroffen?« eröffnete O'Dell die neue Phase unserer kriminalistischen Untersuchung.

»Gegen Mitternacht«, schluchzte sie. »Er sagte, er hätte vorher noch etwas Geschäftliches zu erledigen.«

»Wissen Sie etwas über diese geschäftliche Angelegenheit? Um was es dabei ging und mit wem er es zu tun hatte?«

»Nein. Um diese Jahreszeit hatte Ron eigentlich nur eine Sache im Kopf – Baseball. Er besuchte zwar hin und wieder eine Vorlesung, aber nur, um sich überhaupt einmal sehen zu lassen. Er verbrachte fast seine ganze Zeit auf dem Spielfeld und trainierte, oder er war bei meinem Vater und verglich mit ihm die Notizen über die anderen Mannschaften.«

Wir fuhren Barbara nach Hause und schärften ihr ein, zu niemandem auch nur ein Wort über Jourdays Tod zu sagen.

»Ich muß mich geirrt haben«, sagte O'Dell, als wir allein waren. »Es kann sich bei dem Gift doch nicht um Zyanid gehandelt haben. Wenn Jourday sich mit Barbara um Mitternacht getroffen hat, wie sie sagt, und wenn er um halb vier gestorben ist, wie sie behauptet, und wenn sie ihn nicht umgebracht hat, wie sie uns glauben machen will, dann muß das Gift über dreieinhalb Stunden in seinem Körper gewesen sein, bevor es seine Wirkung zeigte. Und so aus dem Stegreif fällt mir absolut kein Gift ein, das so langsam wirkt.«

»Deine Ausführungen führen zu einigen interessanten Schlußfolgerungen«, sagte ich. »Wir haben Barbara Webster als Mordverdächtige ausgeklammert und jedes bekannte Gift als Mordwaffe. Die Schlußfolgerung ist offensichtlich: Jourday wurde gar nicht umgebracht. Vielleicht starb er an Bauchschmerzen. Oder vielleicht ist er überhaupt nicht gestorben.«

»Das wäre aber sehr rücksichtslos von ihm«, meinte O'Dell.

»In diesem Fall hätten wir nämlich einen ganzen Nachmittag damit verplempert, einen Mord aufzuklären, der gar nicht begangen wurde.«

Wir kamen rechtzeitig zum Abendessen wieder in Pilot House an. Die Vorlesungen waren alle vorbei, und die Tische der Cafeteria waren besetzt mit Hausbewohnern, die auf die Essensmarken aßen, die Martha verkaufte. Nach dem Essen schlenderten die meisten von ihnen in die Bar im Keller oder ins Kasino unter dem Dach. Einige wenige gingen in ihre Zimmer, um zu arbeiten. Ich notierte mir im Geiste, daß ich deren Mietverträge für das nächste Jahr nicht verlängern würde. Solche Elemente sollten sich in Pilot House auf keinen Fall breitmachen können.

O'Dell und ich gönnten uns in der Bar ein Sandwich und ein Bier. Wenn wir mit unseren Nachforschungen wieder ganz von vorne anfangen mußten, hatten wir eine lange Nacht vor uns und brauchten dafür eine Stärkung. Wir genehmigten uns noch ein paar weitere großzügig bemessene Stärkungsmittel, dann gingen wir in den dritten Stock, weil wir beschlossen hatten, daß wir Jourdays Leiche besser wieder in sein Zimmer bringen und den ursprünglichen Zustand wieder herstellen sollten. Ich ging noch einmal kurz ins Kasino, um zu kontrollieren, ob dort auch nicht gefaulenzt wurde, dann folgte ich O'Dell in Marthas Zimmer.

»Wir sind beraubt worden«, sagte O'Dell, als ich das Zimmer betrat. Mit einem Fußtritt rollte er den Teppich auf, in den wir Jourday eingewickelt hatten. Jourday war nicht mehr drin.

»Nun, zumindest bedeutet dies keine weitere Komplikation in unserem Fall«, sagte O'Dell, nachdem wir eine lange Zeit dümmlich auf den leeren Teppich gestarrt hatten.«

»Nein?«

»Nein«, sagte er. »Während wir nach dem Schuldigen in einem Mordfall suchen, von dem wir gar nicht sicher sind, daß er stattgefunden hat, können wir gleichzeitig Ausschau nach dem Dieb halten, der die Leiche gestohlen hat. Es kompliziert den Fall nicht, es weitet ihn nur ein bißchen aus.«

»Ja, aber nach was für Hinweisen suchen wir im Fall einer gestohlenen Leiche?«

»Da bin ich mir wirklich nicht sicher«, gestand O'Dell ein. »Wahrscheinlich werden wir uns überlegen müssen, aus welchem

Grund irgend jemand unbedingt eine gebrauchte Leiche haben will.« Wir rollten den Teppich wieder zusammen und stellten ihn zurück in die Ecke . . . »Wenn wir den Teppich hier stehenlassen, so als hätten wir den Diebstahl noch nicht bemerkt, dann stellt derjenige, der Jourday mitgenommen hat, vielleicht fest, daß er die falsche Leiche geklaut hat und bringt sie wieder zurück.

»Und in der Zwischenzeit«, schlug ich vor, »reden wir vielleicht mit Martha. Vielleicht weiß sie, wer heute nachmittag in ihrem Zimmer war.«

Wir gingen wieder hinunter in die Bar und gossen uns eine weitere Stärkung ein. Es war viel los, und Martha hatte alle Hände voll zu tun. Endlich bemerkte sie uns und kam zur Bar. Zuerst dachte ich, daß sie ärgerlich aussähe, aber ich mußte mich wohl geirrt haben.

»Hast du den Teppich angefaßt, den wir heute nachmittag in dein Zimmer gebracht haben?« fragte O'Dell mit der für ihn typischen Direktheit.

»Meinst du die Geburtstagsüberraschung?« fragte Martha süß. »Nein, ich habe in letzter Zeit keine Geburtstagsüberraschung angefaßt.«

»Hat sonst jemand einen Schlüssel zu deinem Zimmer?« wollte ich wissen.

»Ich glaube nicht, daß dich das etwas angeht«, sagte sie mit einem freundlichen Lächeln. Während wir noch versuchten, uns eine Möglichkeit auszudenken, wie wir ihr beibringen konnten, daß wir einen Mordfall untersuchten, ohne ihr jedoch zu verraten, daß wir die Leiche in ihrem Zimmer versteckt hatten, wandte sie sich von uns ab und kümmerte sich wieder um die Gäste.

»Also, ich muß schon sagen, daß deine Freundin ganz schön störrisch ist«, sagte O'Dell. »Du stellst ihr eine einfache Frage wie ›hat sonst noch jemand einen Schlüssel zu deinem Zimmer?‹, und sie gibt dir einfach keine Antwort darauf. Also wirklich, so etwas ist doch nicht zu fassen.«

Ich gestand den taktischen Fehler ein und füllte unsere Gläser noch einmal nach. Um neun Uhr, gegen Ende der ersten Flasche, hatten wir beschlossen, daß, wenn wir den Mörder erst einmal gefunden hatten, er sich gefälligst darum kümmern sollte, die

Leiche wieder herbeizuschaffen.

»Der Schlüssel zu der ganzen Sache muß trotzdem noch irgendwo in Jourdays Zimmer liegen«, sagte ich tiefsinnig. »Wir werden noch mal hingehen und es gründlich durchsuchen müssen.«

Wir gingen wieder hinauf und durchstöberten es. Wir leerten den Schrank und durchsuchten jede einzelne Tasche in Jourdays Kleidungsstücken. Wir kippten die Kommodenschubladen auf den Boden und sahen uns die Schubladen von vorn bis hinten an. Wir inspizierten die Rückseite des Spiegels und suchten hinter Bildern nach versteckten Botschaften. Wir rissen die Laken vom Bett und sahen unter der Matratze nach. O'Dell stand plötzlich mit einem Brecheisen da und wollte die Täfelung von der Wand reißen, aber ich warf mich im letzten Augenblick dazwischen.

Als wir nichts Wertvolles fanden, beschlossen wir, daß wir mehr Zeit brauchten, alles gründlich durchzugehen. Also füllten wir einen Wäschekorb mit Jourdays Briefen, Privatpapieren und anderen persönlichen Dingen und schleppten ihn zu Studienzwecken in die Bar. Wir zogen uns in eine stille Nische in einer Ecke zurück, holten uns eine Flasche von der Bar und fingen an, Jourdays Nachlaß durchzugehen. Wir lasen seine Briefe, untersuchten seine Papiere, blätterten durch Lehrbücher, die damit zum erstenmal geöffnet wurden, und studierten sein Notizbuch, in dem seine Leistungen von den Tagen der Jugendmannschaft bis heute eingetragen waren.

Nichts ergab auch nur den geringsten Sinn, und wir konnten absolut keinen Grund dafür sehen, daß Jourday ermordet worden sein sollte. Je länger wir in der Bar saßen, desto weniger Sinn konnten wir in den Sachen entdecken, die wir durchsahen. Und gegen Mitternacht sahen wir überhaupt nichts mehr.

»Wenn ihr beide jetzt völlig blau seid«, meinte Martha mehr im Vorbeigehen, »könnt ihr das Durcheinander hier wegräumen und verschwinden. Feierabend.«

Ich probierte es mit einem Lächeln und einem liebevollen Tätscheln, aber Martha schlug meine Hand zur Seite und ging weg. O'Dell und ich beschlossen, unsere Beute zwecks weiterer Studien aufzuteilen. Er schob den Stapel Zeugs vom Tisch herunter, nahm sich das, was in den Wäschekorb fiel, und ich sammelte den Rest vom Boden auf und stopfte ihn in meine diversen Taschen.

»Ich bin mit dem Fortgang unserer Nachforschungen durchaus zufrieden«, sagte O'Dell und hievte sich den Wäschekorb auf die Schulter. »Und ich glaube – ich erwarte jeden Augenblick eine Verhaftung.« Ich versprach ihm, wenn er eine Verhaftung durchführte, würde ich das auch tun, und er stolperte glücklich durch die Tür.

»Nun?« Das war Martha. Die Lichter waren aus, die beflissenen Kellnerinnen gingen inzwischen ihren verschiedenen Freizeitbeschäftigungen nach, und Martha wollte die Tür abschließen.

»Ich gehe ja schon«, sagte ich würdevoll. Und nach einem Augenblick: »Gibst du einem alten Freund keinen Gutenachtkuß mehr?«

»Ich glaube nicht, daß du so bald schon ins Bett gehen wirst«, sagte sie. Also folgte ich O'Dells Spuren durch die Tür und hinauf in mein Zimmer.

Ich betrat mein Zimmer, nachdem ich mehrere Minuten lang mit dem Schlüssel herumgefummelt hatte, und blieb mitten auf dem Teppich stehen, um die Taschen auszuleeren. Ich finde es sehr vorteilhaft, alles mitten auf den Boden zu legen, weil man dann immer genau weiß, wo man suchen muß, wenn man am nächsten Morgen etwas finden will. Während ich meine Taschen noch leerte, verstärkte sich in mir der Eindruck, nicht allein im Zimmer zu sein.

»Martha?« fragte ich hoffnungsvoll. Ich knipste das Licht an und sah mich um. Niemand war da, und trotzdem hatte ich das Gefühl, nicht allein zu sein. Ein hochlehniger Sessel stand mit dem Rücken zu mir am Fenster. Ich ging um ihn herum, und das war genau die Stelle, wo sich jemand befand. Und zwar handelte es sich um Ron Jourday.

Es dauerte eine ganze Sekunde, ehe sich der Nebel in meinem Kopf lichtete, und eine weitere Sekunde, bis die Botschaft sich zu meinen Füßen herumgesprochen hatte. Dann rannte ich. Ich stürmte in O'Dells Zimmer und erwischte ihn gerade, wie er ins Bett steigen wollte.

Ich stürzte mich auf ihn. »O nein, das tust du nicht! Wenn du erst einmal die Augen zu hast, bist du für die nächsten Stunden weg vom Fenster, und ich brauche Hilfe.« Ehe er auch nur die Chance hatte zu protestieren, zerrte ich ihn durch den Gang in mein Zimmer und versuchte, ihm alles zu erklären.

»Ich habe die Leiche gefunden. Und wir müssen sie wieder loswerden.«

»Was? Schon wieder eine Leiche?«

»Nein, keine neue Leiche, verflucht noch mal. Dieselbe blöde alte Leiche. Schau doch!«

»Das ist ja Jourday!« Der Schock schien auch ihn teilweise zu ernüchtern.

»Ja, und zwar acht Stunden töter, als wir ihn das letzte Mal sahen.«

»Ich sehe bereits, daß sich das nach einer gewissen Zeit zum Problem entwickeln könnte«, sagte O'Dell. »Nun, das Verschwindenlassen von Leichen wird von nun an deine Aufgabe sein. Also, was soll mit ihm passieren?«

»Ich weiß nicht, was mit ihm passieren soll«, sagte ich. »Ich weiß nur, daß ich ihn hier nicht haben will und daß er sofort – sofort! – hier verschwinden muß.«

»Nun, wir werden noch ein paar Stunden warten müssen, ehe wir ihn durchs Haus schleppen können«, sagte O'Dell. »Die Leute schlafen noch lange nicht alle, und wir wollen ja nicht mit ihm gesehen werden.«

»Ich will aber nicht warten. Wir lassen ihn durch das Fenster verschwinden. Wir können ihn ja an einem Seil hinunterlassen.«

Ich fand eine alte Wäscheleine, an der wir die Leiche festbanden. Dann wickelten wir die Leiche in einen anderen Teppich ein. O'Dell band den Teppich zu, und wir hoben das Paket auf das Fensterbrett.

»Für eine Leiche, die nicht gehen kann, hat er einen ganz schönen Verschleiß an Teppichen«, kommentierte O'Dell.

»In letzter Zeit ist er mehr herumgegangen, als mir lieb ist, das kann ich dir sagen. Und jetzt, paß auf.«

Wir hoben die Leiche über die Kante, stemmten unsere Füße gegen die Wand und ließen langsam Seil nach. Die ersten paar Meter ging alles glatt, dann standen wir vor einem Problem.

»Der Wind muß sich in ihm verfangen haben«, sagte O'Dell.

»Es fühlt sich an, als wollte er wie ein Drachen in die Lüfte steigen.«

Ich steckte den Kopf aus dem Fenster und sah nach.

»Es ist der Teppich«, berichtete ich. »Er hat sich am Sims des Fensters unter uns verfangen. Zieh ihn ein bißchen hoch, vielleicht bekommen wir ihn dann wieder frei.«

Wir zogen die Leiche gerade herauf, als der Strick um den Teppich riß. Der Teppich entrollte sich und flatterte zu Boden wie ein Vogel mit gebrochenen Schwingen. Jourday baumelte am Ende des Seils, splitterfasernackt, und pendelte im Licht des Mondes sanft hin und her.

Wir ließen ihn schnell den Rest der Wegstrecke hinab und eilten über die Hintertreppe aus dem Haus. Wir sahen uns um, aber soviel wir sehen konnten, beobachtete uns niemand, also rollten wir Jourday zum Teppich hinüber – es war einfacher, als ihn zu tragen – und wickelten ihn erneut darin ein. Dann schleppten wir den Teppich über den Rasen in die Garage und schoben die Leiche auf den Vordersitz des Autos. Ich stieg ein, um zu fahren. O'Dell nahm auf dem Beifahrersitz Platz. Jourday saß zwischen uns, säuberlich in seinen Teppich eingehüllt und um die Mitte ordentlich gegürtet.

»Denk schnell, O'Dell«, sagte ich, als wir die Einfahrt entlangröhrten. »Wo entledigen wir uns dieser Landplage?«

»Wie wäre es mit dem Fluß?«

»Nein, er würde schwimmen.«

»Wir fahren ihn aus der Stadt raus und schmeißen ihn irgendwo in den Straßengraben.«

»Auch nicht gut. Da wird er zu schnell gefunden. Wir brauchen mindestens ein paar Tage Zeit.«

»Ich habe eine Idee«, sagte O'Dell nach kurzem Nachdenken. »Wo würde man normalerweise absolut nicht erwarten, Jourday zu finden?«

»In einer seiner Vorlesungen«, sagte ich.

»Fast hast du recht. Jourday war Baseballspieler, Stimmt's?«

»Natürlich war Jourday Baseballspieler.«

»Baseballspieler haben Spinde für ihre Ausrüstung und anderen Kram. Stimmt's?«

»Stimmt.«

»Wenn Jourday also einen Spind hat, würde man doch annehmen, daß nur Jourday selbst diesen Spind öffnet. Stimmt's? Niemand sonst hat etwas darin zu suchen. Und wenn Jourday jetzt selbst in dem Spind wäre, könnte er ihn nicht öffnen. Stimmt's?«

»Ich habe das Gefühl, daß sich irgendein fataler Fehler in diese Logik eingeschlichen hat, O'Dell«, sagte ich.

»Aber im Augenblick fällt mir nicht ein, was es sein könnte. Und ich bin verzweifelt genug, auf jeden verrückten Einfall einzugehen, den du auskochst.«

Ich fuhr zum Sportplatz der Schule und parkte das Auto am Eingang für die Spieler. Während ich im Auto wartete, knackte O'Dell das Schloß, und zusammen trugen wir die Leiche hinein. Die Tür führte zu einer kurzen Treppe, die unten in einen Gang mündete, der die Umkleideräume teilte. Es dauerte nicht lange, da hatten wir den Spind mit der Nummer 13 gefunden.

»Das war Jourdays Nummer«, sagte O'Dell. »Ob es etwas zu bedeuten hat?«

»Halt den Mund und drück lieber«, sagte ich. Wir stopften Jourday in den Spind, wobei wir ihn an ein paar Stellen einknikken mußten, damit er hineinpaßte. Als wir die Spindtür zuzwängten, sagte ich: »Ich wäre froh, wir hätten ein Vorhängeschloß für das Ding.«

O'Dell behalf sich, indem er ein Stück Draht fest um die Schließvorrichtung wickelte. Dann verließen wir den Umkleideraum und gingen nach Hause zu einer kurzen Nacht tiefen und traumlosen Schlafs.

Am nächsten Morgen wurde ich geweckt von einem Mann, der meinen Kopf mit einem Vorschlaghammer bearbeitete. Ich öffnete die Augen und mußte feststellen, daß der Mann von innen am Werk war. Die Ereignisse der letzten Nacht kamen mir allmählich wieder zu Bewußtsein, als ich den Kopf unter das kalte Wasser hielt. Als ich mich an soviel erinnerte, wie ich gerade noch verkraften konnte, drehte ich den Wasserhahn zu und zog mich an. Aus dem Haufen von Sachen in der Mitte des Bodens wählte ich einige von Jourdays persönlichen Habseligkeiten aus, die mir einer Studie wert zu sein schienen, und ging hinunter in die Bar.

Die Bar machte zwar erst um fünf Uhr auf, aber Martha war bestimmt schon unten und bereitete einen Imbiß für die Besitzer der Essensmarken zu, und für gewöhnlich war sie durchaus bereit, einem verkaterten Freund zu helfen. Ich ging quer durch die Cafeteria zur Bar am Ende. Jemand war schon vor mir da und flirtete mit einer Flasche.

Martha brauchte keine Erklärung, als sie mich sah. Sie machte sich gleich an die Vorbereitung von Tomatensaft mit Schuß. Ich hob fragend die Augenbraue und sah zu dem Typ am anderen Ende der Bar hin, als sie mir den Tomatensaft brachte, und faltete meine Hände um ihre Hände um das Glas.

»Ein sehr trauriger Fall«, erzählte sie mir flüsternd. »Er wartete schon, als ich heute morgen herunterkam, um das Frühstück vorzubereiten. Er bettelte mich an, für ihn aufzumachen. Er sagte, der Engel des Todes sei hinter ihm her. Wie er es darstellte, wurde er letzte Nacht irgendwann wach, und dieser grausig aussehende ›Engel‹ schwebte vor seinem Fenster, versuchte, hereinzukommen und ihn mitzunehmen.«

»Armer Kerl«, sagte ich. »Spendier ihm auf meine Kosten einen Drink.«

Kurze Zeit später kam auch O'Dell an die Bar. Er sah ekelhaft munter aus.

Ich sagte: »Woher nimmst du dir eigentlich das Recht, um diese Tageszeit so abstoßend gesund auszusehen?«

»Das ist eine geheime Erfindung von mir«, sagte er. »Du kennst doch diese Schmerztabletten mit vierundzwanzigstündiger Wirkung. Nun, ich breche die Kapseln auf und nehme alle Körnchen mit Langzeitwirkung heraus. Wenn ich den Verdacht habe, daß ich vielleicht mit einem Kater aufwachen werde, schlucke ich eine Handvoll davon, bevor ich ins Bett gehe. Am nächsten Morgen fangen die Dinger an zu wirken, also ungefähr zu der gleichen Zeit, wenn ich aufstehe, und ich fühle mich einfach wunderbar.«

Auch O'Dell war heruntergekommen in der Absicht, die Untersuchungsarbeit fortzusetzen. Aus seinem Wäschekorb voller Papiere hatte er sich zur Bearbeitung Jourdays Heft mit Telefonnummern ausgesucht, und er wollte versuchen, die passenden Namen zu den Telefonnummern zu finden. Ich gab widerwillig zu, daß das vielleicht wichtig sein könnte.

O'Dell erledigte seine Anrufe von der Bar aus, während ich Jourdays Notizbuch durchlas. Es enthielt auch mehrere Zeitungsausschnitte. Nach den Zeitungsausschnitten zu urteilen war Ron seit seinem achten Lebensjahr ein Starwerfer gewesen. Als er auf die Oberschule kam, gab es Gerüchte, eine Oberligamannschaft habe ihm einen Nachwuchsvertrag angeboten. Statt dessen hatte er sich jedoch für ein Sportstipendium am La Croix College entschieden. In Ron Jourdays Buch gab es kein einziges Foto, das ihn in unvorteilhafter Pose zeigte, und alle Zeitungsausschnitte sangen einmütig sein Lob. Deshalb fiel mir auch gleich ein Zeitungsausschnitt auf, der sich fast auf der letzten Seite befand.

Ich unterbrach O'Dell bei seinen Telefonaten, um ihm den Artikel zu zeigen.

»Es geht um das Spiel um den Pokal der Collegemannschaften vom letzten Jahr, in dem Jourday Werfer war und in dem viele Hoffnungen gerade auf seine Leistung gesetzt wurden«, sagte ich zu O'Dell. »Der Reporter schreibt, daß er völlig unberechenbar spielte. La Croix führte nach sechs Läufen bereits mit vier, da leistete Jourday sich einen Fehlwurf, so daß der gegnerische Läufer bis zur Homebase durchkam, und danach warf er so schlecht, daß der nächste Läufer es in zwei Anläufen schaffte. In der achten Runde, in der alle Male besetzt waren, warf er zwei Männer aus, womit die Runde verloren war. Und in der neunten verpfuschte er einen Wurf, der so simpel war, daß der Ball ihm in die Hand gefallen wäre, wenn er sie nur ausgestreckt hätte, verschenkte einen Punkt und gewann das Spiel mit nur einem Lauf.«

»Und wieso kommt dir das verdächtig vor?« fragte O'Dell. »Schließlich kann jeder mal einen schlechten Tag haben.«

»Ich habe aber noch etwas anderes gefunden«, sagte ich. »Und zwar einen Ausschnitt aus einer Zeitschrift. Dieser Artikel lag zwischen den Seiten, war also nicht eingeklebt wie alle anderen Artikel. Darin hieß es, daß Syndikatleute großen Formats sich manchmal kleine Collegemannschaften aussuchen, um hohe Wetten abzuschließen, und dann versuchen, das Spiel zu manipulieren.«

»Ich wette, daß ich noch auf eine dritte Information gestoßen bin, die sehr gut dazu paßt«, sagte O'Dell. »Erinnerst du dich noch an Jourdays Sparbuch und die Einzahlung von zweitausendfünfhundert Dollar? Ich glaube, das Ding ist im Wäschekorb in meinem Zimmer.« Er lief aus der Bar und kam wenige Minuten später mit dem Sparbuch zurück. Die zweitausendfünfhundert waren am Tag nach dem Pokalspiel eingezahlt worden.

»Irgendwelche Fragen?« fragte ich.

»Nein. Es sieht ganz so aus, als hätte unser Freund Jourday sich dafür bezahlen lassen, im Pokalspiel Punkte zu verpfuschen. Und ich denke schon, daß das ein Motiv für einen Mord sein könnte. Wenn zum Beispiel jemand bei diesem Spiel viel Geld verloren und dann erfahren hat, daß Jourday dafür verantwortlich war, könnte er sehr böse auf unseren Freund geworden sein. Meinst du nicht auch?«

»Oder«, verfolgte ich den Gedanken weiter, »wenn jemand das Spiel ehrlich spielte und dann feststellte, daß Jourday es gar nicht so ehrlich meinte, könnte er ebenfalls sehr böse werden.« Das brachte mich logischerweise auf einen anderen Gedanken. »Und wo haben wir Jourday gelassen?«

»Im Umkleideraum eines Teams von einfachen, ehrlichen Baseballspielern«, antwortete O'Dell. »In einem Nest potentieller Mörder.«

Ich überflog noch einmal das Sparbuch und fand einige weitere interessante Einzahlungen. Neben einer Menge kleinerer Summen gab es auch mehrere über fünfhundert Dollar. Eine dieser Einzahlungen hatte gegen Beginn der Baseballsaison vom letzten Jahr stattgefunden; eine weitere kurz vor Beginn der Auswahlspiele für den Pokal. Und was am interessantesten war, auch zu Beginn dieser Baseballsaison waren fünfhundert Dollar eingezahlt worden.

»Die dreckige Ratte wollte es dieses Jahr wieder tun«, sagte ich. »Und zwar ohne uns auch nur den kleinsten Hinweis zu geben. Wir hätten ein Vermögen verdienen können.«

Aber O'Dell war mehr daran interessiert, sich über Jourdays rastlose Leiche zu unterhalten. Er wies mich darauf hin, daß, falls der Mörder einer von Jourdays Mannschaftskameraden war und falls er Jourday im Spind finden würde, und falls er geschickter beim Verstecken von Leichen war als wir, daß dann früher oder später jemand Jourday als vermißt melden würde und daß der Punkt, an dem die Polizei mit der Suche anfangen würde, Pilot House sein würde – mit fatalen Folgen für die Bar und das Kasino. Es war ein stichhaltiges Argument, das er da vorbrachte.

Wieder parkte ich das Auto vor dem Spielereingang des Sportstadions. Dieses Mal brauchte O'Dell das Schloß nicht aufzuknacken. Die Tür war offen. Wir traten ein, gingen hinunter, als hätten wir ein Recht, hier herumzulaufen, und stellten fest, daß niemand da war.

»Essenszeit«, flüsterte O'Dell. »Alle sind zum Essen gegangen. Aber vielleicht ist ein Wächter da.«

Wir schlichen auf Zehenspitzen in den Umkleideraum. Der Draht, mit dem O'Dell den Spind verschlossen hatte, war losgedreht worden und lag auf dem Boden. Wir machten die Spindtür auf – und Jourday war schon wieder verschwunden.

»So langsam wird das ganze lächerlich«, sagte ich.

O'Dell zischte mir zu, ich solle den Mund halten. Ein schmaler Lichtstreifen drang unter der Tür zu einem angrenzenden Raum hindurch. Wir schlichen hin und öffneten die Tür lautlos einen Spaltweit. Der Teppich, in den Jourday eingewickelt gewesen war, war aufgerollt worden, und Jourday lag ausgestreckt auf einem Tisch, in seiner ganzen nackten Herrlichkeit. Neben dem Tisch, mit der Untersuchung der Leiche beschäftigt, stand Baseballtrainer Hank Webster.

»Heureka!« rief O'Dell, als wir das Zimmer stürmten. »Trainer Webster – wer denn sonst! Wir haben diesen Mordfall zum zweiten Mal gelöst.«

»Wir haben Sie auf frischer Tat ertappt, Webster«, fuhr O'Dell nach einer kurzen Atempause fort. »Sie können gleich ein Geständnis ablegen. Sie haben Jourday umgebracht, weil er beim Baseball falsches Spiel getrieben hat, nicht wahr?«

»Ich hätte ihn am liebsten mit diesen Fäusten erschlagen«, sagte Webster sanft.

»Ist das ein Geständnis?« fragte O'Dell mich.

»Wann haben Sie das mit Jourday erfahren?« fragte ich

Webster.

»Schon nach dem Pokalspiel in der letzten Saison habe ich etwas vermutet«, sagte er. »Aber erst gestern habe ich handfeste Beweise erhalten.«

»Gestern?« sprudelte O'Dell hervor. »Aber dann können Sie ihn ja nicht vergiftet haben.«

»Warum sollte ich ihn denn vergiften?«

»Nun, wir dachten uns, wenn Sie herausfinden würden, daß jemand in Ihrem Team Bestechungsgelder kassiert, würden Sie darüber ziemlich verärgert sein.«

Webster sagte: »Warum sollte ich ihn vergiften, wenn es viel mehr Spaß machen würde, ihn mit bloßen Händen zu erschlagen?«

»Ich weiß nicht genau, ob diese Haltung Sie von dem Verdacht, den Mord begangen zu haben, befreit«, sagte O'Dell. »Sie sagten, Sie hätten gestern handfeste Beweise dafür erhalten, daß Jourday sich bestechen ließ. Was haben Sie gestern herausgefunden? Und wo?«

»Ich habe meine Informationen von einem Typ namens Sid Jackson, einem Buchmacher, der im Clairemont Hotel wohnt. Ich ging zu ihm, um eine Wette auf meine Mannschaft abzuschließen und herauszufinden, wo wir bei den Wettleuten stehen – sie können manchmal hervorragend beurteilen, welche Chancen eine Mannschaft hat. Und dieser Heini erzählt mir doch tatsächlich, daß wir in der Wettrangliste überhaupt nicht gut liegen, weil das große Geld nach unseren Ergebnissen aus der letzten Saison zu dem Entschluß gekommen ist, daß wir im Werfen schlecht sind.«

Webster, der im Zimmer auf und ab gelaufen war, blieb einen Augenblick lang stehen und starrte in Jourdays totes Gesicht. »Schwach im Werfen«, murmelte er. »Und dann sagte dieser Gauner von Jackson auch noch, daß er mir besonders günstige Wettbedingungen bieten würde, weil er letztes Jahr mit meiner Mannschaft den großen Reibach gemacht habe und es sich leisten könne, mir einen Gefallen zu tun.

Es war ein Schuß ins Blaue, aber ich fragte ihn: ›Sie und Ron Jourday, nicht wahr?‹ Er antwortete: ›Ron hat Ihnen davon erzählt? Tja, es war eine sehr profitable Saison. Sie haben Ihre

Spiele gewonnen, ich machte das große Geld bei den Wetten auf Punktverhältnis, und Jourday wurde pünktlich ausgezahlt.‹«

»Was haben Sie danach unternommen?« fragte O'Dell.

»Was konnte ich denn schon unternehmen? Ich konnte seine Logik nicht in Frage stellen, ich bin eben nur ein einfacher Baseballtrainer. Also habe ich ihm eine geknallt.«

O'Dell und ich sahen einander an, um unsere Eindrücke zu vergleichen, genau wie wir es auch bei seiner Tochter getan hatten, und wieder einmal entschieden wir, daß wir den Websters Glauben schenken würden.

»Sorgen Sie auf jeden Fall dafür, daß ich mich nie mit Ihnen auf eine Meinungsverschiedenheit einlasse«, bat O'Dell ihn.

»Ich hatte vor, auch Jourday zusammenzuschlagen«, fuhr Webster fort. »Aber es sieht so aus, als wäre jemand anders schneller gewesen als ich. Sie sagen, daß es nicht Ihr Werk ist?«

»Nein«, antwortete ich ihm. »Wir haben die letzten beiden Tage damit verbracht, Leute zu suchen, die vielleicht den Wunsch gehabt haben könnten, ihn zu ermorden. Sie wären überrascht, was für eine gängige Idee das war.«

»Nun, auf jeden Fall haben Sie die Verantwortung für ihn«, sagte Webster. »Ob tot oder lebendig, ich will ihn hier nicht mehr sehen. Also schnappt ihn euch und verschwindet mit ihm.«

Als Jourday wieder in seinen Teppich eingewickelt war, warf Webster ihn sich über die Schulter und trug ihn für uns zum Auto. Er schob Jourday auf den Vordersitz, O'Dell und ich stiegen ein, und schon fuhren wir wieder eine Leiche spazieren.

»Nun, zumindest ein Gutes hat uns diese Sache gebracht«, sagte ich. »Es ist jetzt klar, wo wir mit unserer Untersuchung fortfahren müssen. Bei Sid Jackson im Clairemont Hotel. Richtig?«

»Ich denke schon. Aber es ist eigentlich schade, die Familie Webster jetzt schon abzuschreiben, bevor wir sie nicht alle durchgegangen sind. Können wir uns keinen Grund ausdenken, aus dem Mrs. Webster Jourday ermordet haben könnte?«

Wir beschlossen, es wieder mit Schockwirkung zu versuchen. Wir würden die Leiche in Jacksons Zimmer tragen, sie vor ihm entrollen und ihn des Mordes beschuldigen. O'Dell ließ sich vom Portier die Zimmernummer nennen, dann fuhren wir zum

Hintereingang, luden uns Jourday auf die Schultern und betraten den Lieferantenaufzug.

»Lieferung für Zimmer 1110«, sagte O'Dell.

»Teppich?« fragte der alte Mann, der den Aufzug bediente.

»Nein, wir bringen eine Leiche. Wir haben sie nur in den Teppich eingewickelt, damit sie uns unterwegs nicht verdirbt.«

Wir klopften an die Tür von Zimmer 1110. Als eine Stimme uns aufforderte einzutreten, öffneten wir die Tür, packten ein Ende des Teppichs und zogen daran. Jourday rollte aus dem Teppich heraus über den Boden und kam schließlich in der Mitte des Zimmers zur Ruhe. Er starrte zur Decke empor.

»Was, zum Teufel, ist das denn?« fragte uns der kleine Mann im Zimmer. Wir hatten damit gerechnet, daß der Schock ihn dazu bringen würde, uns etwas Enthüllendes zu verraten, aber Jackson war so ungerührt wie ein Stein. Sein Gesicht zeigte noch die Nachwirkungen der Behandlung, die Webster ihm am Tag zuvor verpaßt hatte.

»Vergeuden Sie keine Zeit damit, sich löcherige Alibis auszudenken«, bluffte O'Dell. »Setzen Sie sich lieber gleich hin und schreiben Sie Ihr Geständnis nieder. Wir haben Beweise dafür, daß Sie ihn umgebracht haben, und wir sind es einfach satt, ihn ständig durch die Gegend zu schleppen.«

»Wer ist denn das überhaupt?« sagte Jackson und blinzelte kurzsichtig, um das Gesicht erkennen zu können, das zu ihm hochstarrte. »Doch nicht mein alter Freund Jourday? Jemand hat ihn also umgebracht. Nun, es geschieht ihm ganz recht. Er wurde in letzter Zeit ein bißchen zu gierig.«

»Versuchen Sie nicht, uns für dumm zu verkaufen«, fuhr O'Dell fast verzweifelt fort. »Wir wissen zufällig, daß Sie derjenige sind, der ihn umgebracht hat. Und wir wissen, daß Sie ihn bestochen haben, im Pokalspiel der letzten Saison ein paar Punkte zu verlieren.«

»Ihr wißt das auch?« beklagte sich der Mann. »Es ist das schlechtest gehütete Geheimnis, von dem ich je gehört habe.«

»Wir wissen, daß Jourday vorletzte Nacht hier war«, log ich durch die zusammengebissenen Zähne. »Und wir wissen, daß Sie ihn getötet haben, weil er zu gierig wurde und einen größeren Anteil am Profit verlangte. Wir wissen auch, daß Sie beide vorhatten, das Pokalspiel dieses Jahres wieder vorher abzusprechen und daß Sie Jourday dafür bereits fünfhundert Dollar als Anzahlung gegeben haben.«

»Nicht so hastig, Mann. Sie werden ja richtig aufgeregt. Trinken Sie lieber einen, und lassen Sie mich erklären.« Er füllte zwei Gläser bis zur Hälfte mit zwanzig Jahre altem Whisky. »Der ist wirklich gut, aber ich trinke nicht viel. Ihr Jungs könnt mir dabei helfen, die Flasche leer zu bekommen.

Und jetzt hört mir zu. Natürlich war Jourday vorletzte Nacht hier, und er jammerte mir vor, er brauche dringend Geld. Also gab ich ihm einen Drink, ein bißchen Taschengeld, und hielt ihm eine lange Predigt. Auf jeden Fall wußte ich, daß ich aussteigen würde. Am nächsten Tag kam Webster vorbei und machte meinen Entschluß endgültig.

Die letzten fünfhundert, die ich ihm gab, waren für ein bestimmtes Spiel, um das er sich kümmern sollte. Jourday redete davon, ein weiteres Pokalspiel zu schieben, aber so verrückt bin ich nicht. Einmal kommt man vielleicht damit durch, das Syndikat übers Ohr zu hauen, aber niemals zweimal. Außerdem wird es dieses Jahr keine großen Wetten auf die Collegespiele geben. Nur von den Einheimischen. Und das lohnt sich nicht.«

O'Dell und ich waren sehr enttäuscht über die Ergebnisse unserer Schockbehandlung. Unser Buchmacher schien an unserem Mord tatsächlich nicht schuld zu sein. O'Dell versank einen Augenblick lang in tiefes Nachdenken.

»Wollen Sie etwa sagen, daß die Schieberei beim Pokalspiel vom letzten Jahr nicht vom Syndikat arrangiert worden ist?« fragte er schließlich. »Daß Jourday und Sie das im Alleingang gemacht haben?«

»Genau das will ich damit sagen, alter Junge«, antwortete Jackson und füllte unsere Gläser nach. »Es war der Höhepunkt meiner Karriere. Ich sah meine Chance und ergriff sie mit beiden Händen. Alles sprach dafür, daß Jourday das Spiel mit drei Läufen gewinnen würde. Alle Wetten die ich annahm, und jeden Cent, den ich zusammenkratzen konnte, wettete ich beim Syndikat gegen dieses Punkteverhältnis. Als Jourday das Spiel mit nur einem lausigen Lauf gewann, verdiente ich ein Vermögen.

Um dem Ganzen noch die Krone aufzusetzen, jammerte ich so

sehr darüber, wie schwer ich eingegangen sei, daß die Jungs vom Syndikat mir zum Trost diese Flasche schenkten, als ich mein Geld kassierte.«

O'Dell verschluckte sich an etwas und litt unter einem Hustenanfall. Als er sich wieder gefaßt hatte, packte er meinen Arm und zerrte mich zur Tür. »Wir haben hier nichts weiter zu suchen«, sagte er. »Sie sind ein schäbiger Buchmacher, Sid, aber wir glauben nicht, daß Sie ein Mörder sind.«

»Vielen Dank. Es ist sehr nett von Ihnen, das zu sagen. Wollt Ihr wirklich nicht noch einen Drink?«

»Nein, vielen Dank.«

O'Dell wickelte Jourday hastig in den Teppich ein, wir luden ihn uns auf die Schultern und trugen ihn aus dem Zimmer. Jackson schenkte sich den Rest des zwanzigjährigen Whiskys ein und winkte uns zum Abschied freundlich zu.

»Hat 1110 die Annahme der Leiche verweigert?« fragte uns der alte Mann im Lieferantenaufzug.

»Ja«, sagte O'Dell. »Er meinte, er würde das Hotel bald verlassen und hätte in seinem Koffer keinen Platz mehr dafür.«

Als wir auf den Parkplatz hinter dem Hotel traten, wollte ich die Richtung zu meinem Auto einschlagen, aber O'Dell zog mich zu dem einzigen anderen Wagen, der zu sehen war.

»Das muß Jacksons Karre sein«, sagte er. »Es ist voller Koffer und Reisetaschen.«

O'Dell öffnete die hintere Tür und fing an, die Koffer und Taschen umzuräumen.

»Was treibst du denn da?« fragte ich.

»Wir machen unserem Freund ein Abschiedsgeschenk.«

Wir legten Jourday hinten auf den Boden und stapelten die Koffer über ihn. Als wir fertig waren, war von Jourday nichts mehr zu sehen. Wir stiegen in mein Auto, ich ließ den Motor an und legte den Gang ein.

»Und jetzt zurück zum Pilot House und einem riesigen Steak«, sagte ich.

»Da muß ich dich leider enttäuschen«, sagte O'Dell, und zum erstenmal fiel mir auf, daß dicke Schweißtropfen auf seiner Stirn standen. »Wir fahren zum Krankenhaus und zu einer Magenpumpe. Und beeil dich gefälligst.«

Als wir schließlich doch noch im Pilot House ankamen, stand mir der Sinn nicht mehr nach Steak, aber wir setzten uns an die Bar und genehmigten uns ein paar Drinks, um die Leere zu füllen, die die Magenpumpe hinterlassen hatte. O'Dell erzählte Martha von unseren Abenteuern der letzten Tage.

»Ich kam drauf«, prahlte er, »als unser Buchmacher davon erzählte, daß sie das Syndikat übers Ohr gehaut hätten. Als er dann noch erwähnte, daß die Jungs, die er ausgenommen hatte, ihm eine Flasche Whisky geschenkt hätten, wußte ich, wie sich alles zusammenreimte.

Der Whisky war natürlich vergiftet. Das Syndikat wollte es dem miesen kleinen Buchmacher heimzahlen, der sich auf seinen Betrug was einbildete. Und damit schlugen sie sogar zwei Fliegen mit einer Klappe. Jackson gab in aller Unschuld Jourday von dem Whisky zu trinken, und so erwischte das Syndikat die beiden Betrüger.«

»Aber wieso ist Jourday erst Stunden nachdem er das Gift geschluckt hatte gestorben?« fragte Martha.

»Das machte mich nur einen Augenblick lang unsicher. Erinnert ihr euch an meine Katerbehandlung mit der Langzeitwirkung? Nun, genauso arbeitete auch das Gift. Winzige Teilchen des Giftes waren mit einer anderen Substanz überzogen, die sich erst auflösen mußte. Diese Substanz war resistent gegen Alkohol, aber wenn die Magensäure sich an die Arbeit machte, wurde das Gift schließlich freigesetzt. Das Opfer, also Jourday, wachte mitten in der Nacht von den Bauchschmerzen auf, und wenige Minuten später war alles vorbei.«

»Und wieso macht sich das Syndikat wegen eines lausigen kleinen Buchmachers eine solche Mühe?«

»Wahrscheinlich war es so am einfachsten für Sie«, meinte O'Dell. »Wahrscheinlich erwarteten sie, daß er die Flasche gleich köpfen würde. Sie würden alle gemeinsam einen Drink nehmen, und Jackson würde nach Hause fahren. Die Jungs, die von dem Gift wußten, konnten sich schnell den Magen auspumpen lassen, wie auch wir es gemacht haben, aber Jackson würde auf der Straße einen Anfall bekommen und als Verkehrsunfall in die Akten eingehen. Sauber und unverdächtig.«

»Und wie wird das alles jetzt enden?« fragte Martha.

Die Antwort auf diese Frage erhielten wir durch die Nachrichten um zehn Uhr. Der Sprecher berichtete von einem Auto, dessen Fahrer anscheinend die Herrschaft darüber verloren hatte. Es war eine Böschung hinabgestürzt und gegen einen Baum geprallt. Das Auto hatte Feuer gefangen, und die beiden Leichen, die man darin gefunden hatte, waren bis zur Unkenntlichkeit verbrannt. Die Polizei versucht noch, mit Hilfe der amtlichen Kennzeichen die Identität der Insassen festzustellen.

»Morgen meldest du der Polizei, daß Jourday sein Zimmer schon seit drei bis vier Tagen nicht mehr benutzt hat«, sagte O'Dell zu mir. »Und wenn die Polizei irgendwann feststellt, daß der zweite Mann im Auto Jourday war, wird die Angelegenheit zu den Akten gelegt werden.«

»Ich habe nur noch eine Frage«, sagte ich. »Ich weiß immer noch nicht, wie Jourdays Leiche letzte Nacht aus Marthas in mein Zimmer gekommen ist.«

Martha erlitt plötzlich einen schlimmen Anfall von Schluckauf. O'Dell lachte und ging in sein Zimmer, wo er angeblich noch etwas zu erledigen hatte.

An diesem Abend betrat ich mein Zimmer, nachdem ich schon wieder mehrere Minuten lang mit Schloß und Schlüssel zu kämpfen gehabt hatte. Die Quittungen des Kasinos waren gezählt, abgeheftet und abgerechnet. Die Einnahmen der Bar waren wie üblich mehr als zufriedenstellend. Die Welt war völlig in Ordnung. Aber als ich mitten im Zimmer stand und meine Taschen auf den Fußboden entleerte, wuchs in mir plötzlich das merkwürdige Gefühl, nicht allein zu sein.

»O nein, nicht schon wieder Jourday!« stöhnte ich laut. Aber der Himmel war gnädig. Dieses Mal war es Martha.

Originaltitel: SUMMER SESSION ONLY. 6/64

Robert Edmond Alter

Ungebetene Gäste

Er war ein einsamer alter Mann, und er lebte in einem großen Sumpf. Geboren und aufgewachsen in Okefenokee, hatte er noch nie eine Stadt oder auch nur ein etwas größeres Dorf gesehen, und das erste Mal, daß er einen Fernsehapparat zu Gesicht bekam, war während des Wahlkampfs, Kennedy gegen Nixon. Er hatte beide gleichermaßen wegen ihrer Redegewandtheit bewundert.

»Das schon, Jube«, hatte der dicke Joel Sutt, der Ladenbesitzer von Sutts Landing gesagt. »Aber wen von den beiden wirst du wählen?«

Und Jube hatte sein mildes, etwas schiefes Lächeln aufgesetzt, leise den Kopf geschüttelt und gesagt: »Keinen, denk ich. Denn wenn ich einen wählen würde, wäre der andere vielleicht beleidigt.«

Und genau das war das Problem mit dem alten Jube Wiggs, sagte Joel immer zu den Trappern und Jägern und Aligatorfängern und ihren Frauen, wenn sie zu ihm kamen, um einzukaufen oder sich umzusehen, oder einfach nur herumzustehen und zu schwätzen. »Man weiß einfach nie, ob er es ernst meint und nur strohdumm ist, oder ob er einen auf den Arm nimmt.«

Aber die meisten Leute, die Jube kannten, waren der Meinung, daß er das, was er sagte, durchaus ernst meinte, wenn es auch nicht unbedingt ein Zeichen von Dummheit sein mußte. Er war einfach ein sehr warmherziger Mann und konnte es nicht über sich bringen, irgend jemandem weh zu tun.

In Wahrheit jedoch machte Joel sich Sorgen um Jube. Er mochte ihn, und er war der Ansicht, daß kein Mann ganz allein in diesem Sumpf leben sollte, so wie Jube es tat und wie es vor ihm sein Vater getan hatte und vor den beiden der Großvater und noch weiter zurück, bis zu der Zeit, als jener erste zähe alte Wiggs aus dem Bürgerkrieg heimgekommen war und gesagt hatte: »Zur Hölle mit der ganzen Welt. Ich will keinen Yankee oder Südstaatler oder überhaupt jemanden mehr sehen. Nie wieder!«

»Zumindest«, nörgelte Joel jedesmal, wenn Jube ihm die Gelegenheit dazu gab, »zumindest haben dein Vater und dein Großvater immer ein Gewehr bei sich gehabt. Teufel auch, es ist einfach nicht zu verantworten, Jube. Ganz allein da draußen mit all den Aligatoren und Mokassinschlangen und ohne Gewehr. Du wirst schon sehen, eines Tages wirst du noch von einem Panther gefressen.«

Dann schüttelte Jube jedesmal auf seine typische Art leicht den Kopf und sagte: »Wenn du ein Gewehr hast, wirst du es früher oder später auch benutzen. Mein Großvater hat im Krieg Männer getötet, und mein Vater hat die Boyds im Streit um den Crane Crick getötet, und andere Männer haben meinen Jungen in diesem Tarawa getötet, und alles mit Gewehren. Aber ich, ich habe nicht vor, irgend jemandem was zu tun. Ich könnte Gottes Sonnenaufgang nicht mehr ertragen, wenn ich ein Menschenleben auf dem Gewissen hätte.«

Gott zauberte gerade wieder einen Sonnenuntergang an den Himmel, als Jube den schwarzen Suwannee River hinaufpaddelte und in einen von Tupelobäumen bewachsenen schmalen Wasserlauf einbog. Ein Vogel zwitscherte ihn erschreckt an, und ein Bär, der sich an einem Termitenhaufen zu schaffen machte, hob seine Schnauze und schnupperte argwöhnisch in Jubes Richtung. Eine Mokassinschlange wurde von dem näher kommenden Boot aufgescheucht und schoß in Zickzacklinien davon.

Das Ufer – sofern man es unter dem dichten Bewuchs von Sumpfhirse, Akaziengestrüpp und Waldstreu überhaupt sehen konnte – wurde jetzt sehr sumpfig, und die Tupelobäume wichen immer mehr Zypressen und Lederholzbäumen. Dann öffnete sich der wie verzaubert wirkende Dschungel wie eine Bühnenkulisse, und Jube paddelte in eine von Zypressen umstandene Wasserprärie, seinen See.

Er lebte auf einem schäbigen alten Hausboot, das an Zypressenstümpfen festgemacht war. Der von Teichrosen überwachsende See war sein derzeitiger Ankerplatz. Von Zeit zu Zeit verlagerte er das Hausboot, je nachdem in welchen Wasserläufen er seine Fallen aufstellte. Es war harte Arbeit, das Hausboot zu bewegen, denn er mußte es mit dem kleinen Ruderboot schleppen. Er hatte nie genug Geld besessen, um sich einen

Außenbordmotor anschaffen zu können, und selbst wenn er einen besäße, wußte er genau, daß er nie genug Geld haben würde, um das Ding mit Benzin zu versorgen.

Jube war mit seinem Ankerplatz in der Mitte des Sees nicht zufrieden, denn das ganze Ufer war Alligatorgebiet. Die Weibchen bauten zur Zeit ihre Nester in den Büschen, und während und direkt nach der Trächtigkeit war mit ihnen absolut nicht gut Kirschen essen. Andererseits aber waren die Wasserläufe hier reich an Beute, und er fühlte sich nach alter Tradition verpflichtet, hierzubleiben, bis sie nichts mehr hergaben.

Jube legte am Hausboot an und band sein kleines Boot mit einem Tau fest. Er warf sich den Sack mit den Konserven über die Schulter und hievte sich stöhnend auf die hintere Veranda. Die Veranda war sozusagen sein Arbeitszimmer. Hier standen sein Schneidetisch und die Gestelle zum Spannen der Häute und Felle.

Als Jube auf der Backbordseite nach vorn ging, sah er den zwei Meter langen Alligator längsseits im Laichkraut im Wasser liegen. Das Tier beobachtete Jube mit kalten, berechnenden Augen. Die Biester fraßen seine Abfälle. Dieser hier riß jetzt das Maul auf, zeigte Jube seine unordentlichen Zähne und den großen rosafarbenen Klumpen von Zunge und zischte feucht.

»Aber, aber«, sagte Jube mit sanftem Vorwurf in der Stimme. »Ich habe dir überhaupt nichts getan. Du hast also keinen Grund, bösartig zu werden.«

Der Alligator ließ seinen Schwanz ins Wasser peitschen und verschwand. Bernsteinfarbenes Zwielicht legte sich über das Land, und der teilnahmslose Blätterwald schien sich besitzergreifend immer näher zu schieben, als wolle er das alte Hausboot für immer zu einem Teil des insektenverseuchten Sumpfes machen. Dann stieß ein Schwarm von Nachtenten auf die Wasseroberfläche hinab, und alles war so, wie es sein sollte.

Jube trat in die Küche, riß ein Streichholz an und zündete die Petroleumlampe an. Der Raum war moderig und still, und die Flamme brannte, ohne zu flackern. Jube machte sich sein Abendessen zurecht.

Er dachte sich nichts weiter dabei, als er draußen ein Plätschern hörte. Es gab immer Alligatoren, die um das Boot herumschwammen. Aber dann hörte und fühlte er, wie etwas gegen die Seite des Hausboots schlug – ein anderes Boot. Er lauschte auf die leisen Schritte, die über die Gangway kamen.

Der Mann, ein Fremder, machte sich nicht die Mühe anzuklopfen. Er zog die Tür auf, sah Jube an, der am Tisch saß, und lächelte.

»Es tut mir leid, daß wir Sie stören«, sagte der Fremde. »Ich bin Mr. Folly«, fuhr er fort. Sein Gesicht war alterslos, und seine Augen hatten einen gehetzten Ausdruck.

Jube schluckte die Kartoffel hinunter, die er schon im Mund hatte, und schwieg.

Mr. Folly fragte: »Haben Sie eine Schußwaffe?«

»Ich halte nichts davon.«

»Tatsächlich nicht?« Mr. Folly schien daran sehr interessiert zu sein. »Ich hätte geglaubt, daß für ein Leben in einem Primordialsumpf ein Gewehr absolut unerläßlich sei.«

Jube sagte: »Was haben Sie gesagt? Prim was?«

»Es bedeutet, in einem primitiven Stadium, noch aus der Zeit ursprünglicher Wildnis und Wildheit«, erklärte Mr. Folly.

Mr. Folly trat jetzt ganz in die Küche und machte einen Schritt zur Seite. Ein zweiter Mann tauchte auf, ein magerer, eckiger Kerl mit hungrigen Augen und einem schlaffen Ausdruck.

»Das ist Jink Williams«, sagte Mr. Folly. »Und das –« Der dritte Mann sah aus wie ein Gorilla, und er hatte riesige Hände. Er trat unbeholfen näher und blinzelte ins Licht. »Das ist Sam.«

Mr. Folly sah sich in der Küche um, verzog die Mundwinkel beim Anblick der Spinnweben in den Ecken, und stampfte mit einem Fuß auf den Boden, als wolle er prüfen, wieviel Gewicht die alten Planken noch tragen würden. »Ist dieses Boot überhaupt sicher?« fragte er. »Es sieht aus, als wäre es noch älter als die Arche.«

»Ich habe es selbst gebaut«, sagte Jube empört. »Der Boden ist noch so stabil wie am ersten Tag.«

»Hoffentlich«, sagte Mr. Folly. »Ich kann Wasser nicht leiden. Ich schwimme nicht.« Dann drehte er sich zu Jink Williams um. »Du siehst dich besser mal nach Waffen um, nur um ganz sicherzugehen.«

»Warum kann Sam das nicht machen?« fragte Williams. »Ich

bin total fertig.«

»Weil Sam sich nach den falschen Dingen umsehen wird«, antwortete ihm Mr. Folly. Das Lächeln legte sich wieder auf sein Gesicht, als er fortfuhr: »Sam wird sich nach kleinen, wertlosen Gegenständen umsehen, die er in seine Taschen stecken kann. Nicht wahr, Sam?«

Sam grinste und sah weg. Er scharrte verlegen mit den Füßen.

Williams hielt eine große Segeltuchtasche in der Hand und sah sich nach einem Platz um, an dem er sie abstellen konnte. Er knallte sie auf den Tisch, direkt vor Jubes Teller und Tasse.

»Paß mal einen Augenblick darauf auf, Opa«, sagte er. Dann zeigte er auf die geschlossene Tür, die von der Küche abging. »Was ist denn darin?«

»Schlafzimmer«, sagte Jube.

Williams verließ die Küche. Sam schlurfte zu der Koje, die dem Sohn gehört hatte, der vor zwanzig Jahren in jenem weitentfernten Ort mit dem merkwürdigen Namen gestorben war, und setzte sich Jube gegenüber an den Tisch. Er schien sehr freundlich zu sein.

»Leben Sie allein hier?«

Jube nickte.

»Gibt es viele Leute hier in unmittelbarer Nachbarschaft?«

Jube schüttelte den Kopf.

»Ich werde Ihnen jetzt sagen, was wir von Ihnen wollen«, sagte Mr. Folly. »Essen, Decken und eine Wegbeschreibung. Wir wollen den Sumpf durchqueren.«

»Dann brauchen Sie ein Flugzeug«, teilte Jube ihm mit. »Es sind sechshundert Meilen bis zum anderen Ende, und jede einzelne Meile davon ist die Hölle auf Erden.«

»Darüber brauchen Sie sich keine Gedanken zu machen«, sagte Mr. Folly freundlich. »Wegen dem hier –«, er deutete mit einem blassen schlanken Zeigefinger auf die Segeltuchtasche, »sind wir ein bißchen in Eile.«

Jube starrte auf die Segeltuchtasche. »Ich wette, da ist Geld drin«, sagte er schließlich. »Und ich wette auch, daß ihr es in einer Bank oder so gestohlen habt.«

»Ich fürchte, es ist nicht nur beim Stehlen geblieben, alter Mann«, meinte Folly. »Sehen Sie, es gab gewisse Widerstände gegen diese Änderung der Besitzverhältnisse.«

»Was er damit sagen will«, sagte Williams mit geduldiger, aber müder Stimme zu Jube, »ist, daß Sam nicht mehr weiß, wie stark er ist, wenn er sich einmal aufregt. Solche Männer gibt es. Jemand greift sie an, und sie werden wild und schnappen zu wie eine Bulldogge, und im Kopf ist alles weiß und leer. Sam ist so ein Typ.«

Jube warf Sam einen Blick zu. Der affenartige Mann saß halb im Schatten und starrte auf seine leeren Hände hinab.

»Ich hatte so einen Onkel«, sagte Jube. »Er war Alligatorfänger. Bis er sich einmal den falschen Alligator schnappte.«

»Warum bleiben wir eigentlich nicht für eine Weile hier?« fragte Williams Mr. Folly. »Ich bin nicht gerade wild darauf, noch tiefer in dieses Alligatorland einzudringen.«

»Nein. Wir sind noch zu nah am Suwannee. Es fahren sogar Ausflugsboote rum, und wo ein Ausflugsboot hinkommt, da hat ein Polizeiboot erst recht keine Schwierigkeiten.«

»Aber wenigstens heute nacht bleiben wir hier«, beharrte Williams. »Ich bin total fertig.«

Mr. Folly nickte. »Aber nur diese eine Nacht. Wir sperren den alten Mann im Vorderraum ein.«

»Warum ein Bett verschwenden?« wollte Williams wissen. »Ich kann ihn doch kurz mit raus in den Sumpf nehmen. Sam und ich können –«

»Nein, es könnte schließlich jemand vorbeikommen. Und dann brauchen wir den alten Mann, um uns die Leute vom Hals zu halten.«

Das war's also, dachte Jube. *Das hier ist meine letzte Nacht. Die haben mir schon viel zuviel erzählt, als daß sie mich jetzt noch am Leben lassen könnten.*

Williams nahm die Segeltuchtasche an sich.

»Wir wollen doch mal sehen, wieviel für jeden von uns herausspringt.«

»Ich dachte, du wärst total fertig, Jink«, meinte Mr. Folly freundlich.

Williams sah ihn mit ausdruckslosen Augen an. »Ich bin fünfunddreißig, Kumpel. Ich habe fünfunddreißig Jahre lang auf diesen Fischzug gewartet. So müde kann ich gar nicht sein, daß ich meinen Anteil nicht mehr abzählen könnte. Oder hast du irgendwelche Einwände? Du möchtest doch nicht wirklich, daß wir alles auf einem Haufen lassen, so daß ein schlauer Kerl sich nur die Tasche greifen und verschwinden muß, während seine Freunde schlafen. Oder möchtest du das?«

»Natürlich nicht, Jink – alter Freund.« Mr. Folly lächelte breit. »Übrigens, du hast doch vorhin keine Waffe gefunden, oder?«

»Nein, ich habe keine gefunden. Willst du mich durchsuchen?«

»Aber nein, Jink, ich glaube dir natürlich. So wie ich dir auch geglaubt habe, als du sagtest, du hättest deine Pistole im Fluß verloren.«

»Verflucht, Folly, wenn du glaubst, daß das nicht stimmt, dann –«

Mr. Folly hob beruhigend die Hand. »Entschuldige, Jink. Ich wollte dich nur auf den Arm nehmen. Es tut mir leid.«

Williams schrie: »Sam! Komm her. Wir teilen.«

Jube stand vom Tisch auf. »Ich sage lieber gute Nacht. Ich bin ganz schön müde.«

»Tu das nur, Opa«, sagte Williams mürrisch. »Hoffentlich kannst du ruhig schlafen.«

»Jink?« mischte sich Mr. Folly mit sanfter Stimme ein. »Gibt es im Schlafzimmer vielleicht ein Fenster, das von außen verbarrikadiert werden sollte?«

Williams schob wütend seinen Stuhl zurück und stapfte hinaus.

Mr. Folly begleitete Jube bis zur Tür zum Schlafzimmer. Er warf einen Blick zurück auf Sam, der jetzt am Tisch saß und mit ausdruckslosem Gesicht auf die Segeltuchtasche starrte. Mr. Folly sagte leise: »Lassen Sie sich von Williams nicht aus der Ruhe bringen. Wir werden Sie nicht töten. Wir brauchen Sie doch, damit Sie uns den Weg durch den Sumpf zeigen.«

Jube nickte. »Das habe ich mir schon selbst gedacht, Mister. Ich mache mir keine Sorgen.«

Mr. Folly klopfte ihm auf die Schultern. »Das ist sehr klug von Ihnen.«

Dann schloß sich die Tür, und Jube, allein in der Dunkelheit, hörte, wie Mr. Folly einen Stuhl unter den Türgriff schob, während Jink Williams die beiden Fenster von außen verriegelte.

Nein, dachte Jube. Sie werden mich doch nicht umbringen. Erst wenn sie von mir haben, was sie haben wollten.

Er streckte sich auf dem Doppelbett aus, auf der Patchwork-Steppdecke, die seine tote Frau vor fünfundzwanzig Jahren genäht hatte, und er starrte zu den dunklen Balken über seinem Kopf hinauf. Jahrelang hatte er immer gedacht, daß er eigentlich nichts mehr hatte, für das es sich zu leben lohnte, daß es egal sei, ob er lebte oder tot war. Aber jetzt, wo es tatsächlich ans Sterben gehen sollte, merkte er, wie sehr er die ganze Zeit über im Irrtum gewesen war. In seinem Alter zu sterben hieß, ein Nichts zu werden. Aber leben hieß, durch die schattigen Wasserläufe zu staken und zu sehen, wie Ibise und Enten und Fischreiher überall ihr buntes Gefieder spreizten. Es hieß zu sehen, wie der gelbe Jasmin, die scharlachroten Efeutrompeten und die rosa Blüten der Hurrahbüsche im Frühling aufbrachen. Es hieß, nach harter Tagesarbeit nach Hause zu kommen und es sich mit der Pfeife, einer Tasse Kaffee und den Erinnerungen im Sessel gemütlich zu machen. Mit vielen Erinnerungen.

Es gab einen Ausweg – natürlich. Einen Ausweg, von dem die drei Stadtmenschen da draußen nichts wußten, aber Jube wollte ihn nicht gern ergreifen, weil es ganz schön gemein war. Außerdem war es vielleicht einfacher, mit den dreien loszuziehen und sie dann irgendwo im Sumpf abzuhängen. Das dürfte eigentlich kein Problem sein. Ein Stadtmensch hatte im Sumpf weniger Chancen als ein Schneeball in der Hölle.

Wie hatte dieser Folly noch mal gesagt? Primo –? Bestimmt hatte er recht damit. Okefenokee war von der Zivilisation endlos weit entfernt. Okefenokee hielt für Fremde Überraschungen bereit, abrupte, böse, gewaltsame Überraschungen.

Er schlief ein.

Es war kurz nach Sonnenaufgang, als Jink Williams plötzlich die Tür aufriß und Jube anschrie:

»Wo ist Sam? Wach auf, du trübselige alte Tasse. Wo ist Sam?«

Jube setzte sich auf und spürte einen Anflug von Schmerz im Rückgrat. *Ich werde alt*, dachte er. *Ich werde verdammt alt und tatterig*.

»Was?« fragte er.
»Verflucht, ich habe gefragt, wo Sam ist?«
Jube sah sich im Zimmer um. »Hier ist er nicht. Hat er nicht bei euch draußen geschlafen?«
»Natürlich hat er bei uns draußen geschlafen. Aber ich will wissen, wo er jetzt ist.«
Jube stand auf und ging zur Tür. Mr. Folly saß auf der Koje. Er war vollständig angezogen, und er beobachtete Williams.
Williams schrie: »Wo ist der verrückte Hund?« Er rannte aus der Küche auf die Veranda. Jube hörte ihn über die Gangway trampeln. Er sah Mr. Folly an, der ihn anlächelte, aber nichts sagte.
Williams kam zurück. Er sah Mr. Folly ebenfalls an, und er schien jetzt nicht mehr aufgeregt zu sein. Ganz im Gegenteil, er wirkte tödlich gelassen. »Er ist weg«, bemerkte er tonlos. »Die Tasche ist auch weg. Die ganze Beute. Seine, deine, meine. Alles ist weg. Aber die beiden Boote liegen immer noch draußen. Das ist schon komisch. Ist das nicht komisch, alter Freund? Schließlich kann Sam nicht über das Wasser wandeln, und er ist auch nicht der Typ für Selbstmord.«
»Sehr komisch«, mußte Mr. Folly ihm recht geben.
»Ja«, sagte Williams. Er zog eine Zigarette aus der Tasche, fand ein Streichholz, riß es mit dem Daumennagel an und hielt die kleine Flamme an die Zigarette.
»Du mußtest es also unbedingt tun«, sagte er tonlos. »Nachts, als der arme Kerl schlief.«
»Er schlief nicht«, murmelte Mr. Folly lächelnd, die Augen fest auf Williams gerichtet.
»Also schlief er nicht«, sagte Williams. »Aber der alte Mann und ich schliefen. Und Sam glaubte, wir schliefen alle, und er war wach und suchte heimlich nach kleinen schönen Dingen, die er in seine Tasche stecken konnte. Der arme Hampelmann wäre nicht im Traum auf die Idee gekommen, mit den vierzig Riesen abzuhauen, die auf dem Tisch lagen, denn Geldscheine sind für ihn mehr oder weniger nur Papier. Sie sind nicht so hübsch wie ein Kugelschreiber oder ein Blechring oder eine billige Uhr.«
Williams machte eine Pause und blies den Rauch seiner

Zigarette durch die Nase. »Und du hast in dieser Koje gelegen und ihn beobachtet und gedacht, wie viel einfacher es doch wäre, wenn wir nur durch zwei zu teilen brauchten. Oder noch besser, wenn du gar nicht zu teilen brauchtest. Also bist du aufgestanden und hast ihm gesagt: ›He, Sam, komm doch mal hier auf die Veranda und sieh dir den Elchzahn an, den ich gefunden habe.‹ Und er kam. Und dann hast du ihn über Bord geworfen, wo die schwimmenden Mülleimer schon mit gebleckten Zähnen auf ihn warteten. So war es doch, oder nicht?«

»Warum regst du dich so auf?« fragte Mr. Folly. »Du hast doch selbst daran gedacht. Ich konnte es ganz deutlich auf deinem Gesicht lesen. Aber da liegt eben der Unterschied zwischen dir und mir. Du denkst, ich handle. Und deshalb wirst du mit fünfunddreißig auch niemals die zwanzig Jahre aufholen können, die ich dir voraus habe.«

»Glaubst du, was?« Williams zog ein Messer aus der Tasche und drückte auf den Knopf, der die Klinge hervorspringen ließ. Er grinste Mr. Folly an. »Tut mir leid, alter Freund. Ich hatte völlig vergessen, dir hiervon zu erzählen.«

Mr. Folly lachte und zog eine kurzläufige .32er aus seiner Jacke. »Damit wären wir ja quitt, alter Freund. Mir war das Ding hier auch völlig entfallen.«

Williams spuckte seine Zigarette aus. »Du dreckiger –«

»Komm raus auf die Veranda, Jink!« Mr. Folly machte eine knappe Bewegung mit der Pistole. Er war nicht mehr der freundlich lächelnde Mann. Er war jetzt tödlich ernst. Williams zuckte mit den Schultern und ging zur Tür.

Am Ufer zeichneten sich zerfledderte Kohlpalmen vor dem rosigen Morgenhimmel ab. Mr. Folly und Williams standen auf der Veranda einander gegenüber. Jube blieb im Türrahmen stehen.

»Ins Wasser mit dir«, befahl Mr. Folly.

Williams bettelte: »Gib mir eins der Boote, Folly. Es sind dreißig Meter bis zum Ufer. Du kannst das ganze Geld behalten, aber gib mir wenigstens ein Boot!«

»Du kannst meinetwegen das Messer behalten. Was willst du mehr. Und jetzt los, spring über Bord.«

»NEIN! Da draußen wimmelt es von Alligatoren!«

»Hör mir gut zu, Freund«, sagte Mr. Folly. »Die Alligatoren schlafen friedlich im Dickicht. Aber wenn ich die Pistole abfeuern muß, werden sie aufgescheucht und sich ins Wasser stürzen. Dann kannst du mit ihnen um die Wette schwimmen. Ich gebe dir eine Chance, Freund. Eine weit bessere Chance, als ich unserem einfältigen Sam gelassen habe. Ich lasse dich von hier weggehen. Wenn du einen kühlen Kopf behältst und ein bißchen Glück hast, könntest du es schaffen. Also los, spring! Ich habe jetzt genug von dir.«

William blieb zögernd am Rand stehen.

Mr. Folly spannte den Hahn der .32er.

»Warte!« schrie Williams. »Jetzt warte doch einen Augenblick.« Er fuhr sich mit der Zunge über die Lippen und starrte unsicher auf das Wasser. Nichts bewegte sich im Laichkraut auf dem Wasser oder in der Sumpfwiese am Ufer. Das zypressenumstandene Wasser lag völlig still und verlassen da. Er kauerte sich hin, ließ sich langsam ins Wasser gleiten und paddelte wie ein Hund auf den nächstgelegenen Uferstreifen zu.

»Er schwimmt direkt auf die Alligatoren zu, Mister«, sagte Jube.

Mr. Folly sah Jube mit einem milden Lächeln an. »Nun, Jink war noch nie einer der Klügsten«, sagte er.

Folly richtete die Pistole auf den schwimmenden Mann. »Jink, du bist viel zu langsam. Ich werde dir ein bißchen Tempo machen!« Er drückte ab. Die Kugel schlug etwa einen Meter hinter dem Schwimmer ein.

Williams sah sich mit einem Ausdruck panischen Entsetzens um, als der Schuß knallte und ein Schwarm Enten und Reiher kreischend aufflog. Mr. Folly drückte noch einmal ab.

Jube sah zu der entfernten Schlammbank hinüber. Ein paar Kaffeebüsche, die auf dem sumpfigen Boden wuchsen, zitterten leicht. Und plötzlich brachen die erschreckten Alligatoren in wilder Hast aus dem Dickicht hervor, wälzten sich in planloser Unordnung über die Uferböschung und stürzten sich einer nach dem anderen in das aufgewühlte Wasser um den kämpfenden, schreienden Mann.

Jube trat zurück. Er drehte sich um, rannte ins Schlafzimmer, schlug die Tür hinter sich zu, klemmte einen Stuhl unter den Griff und rüttelte daran. Die Tür ließ sich nicht mehr öffnen. Gott sei Dank funktionierte der Trick in beiden Richtungen.

KRACH! Splitter spritzten von der Tür ab, als die .32er-Kugel hindurchschoß. Jube trat zur Seite.

Aus dem anderen Zimmer rief Mr. Folly: »Machen Sie keine Dummheiten, alter Mann. Sie hätten eine gute Chance gehabt, wenn ich mich von Ihnen durch den Sumpf hätte führen lassen. Darauf haben Sie doch die ganze Zeit gehofft, nicht wahr? Daß Sie mich im Sumpf abhängen könnten. Aber ich komme auch ohne Sie zurecht. Ich kann gut für mich selbst sorgen. Sogar in diesem urzeitlichen Überbleibsel von Sumpf.«

Jube sagte nichts. Er lauschte auf verräterische Geräusche aus dem anderen Zimmer. Schritte, Stille, ein Scharren, ein dumpfer Aufprall, Schritte, die sich entfernten. Ja, Mr. Folly packte Konservendosen und Decken zusammen und was er seiner Meinung nach sonst noch bei der Durchquerung des Sumpfes brauchen würde. Damit würde er für eine Weile beschäftigt sein.

Also gut – jetzt war es doch an der Zeit, den niederträchtigen, gemeinen Ausweg zu wählen.

Weil er ganz bestimmt nicht hier weggehen und mich am Leben lassen wird, dachte Jube. *Er wird sich meinetwegen etwas einfallen lassen. Er muß einfach. Er hat keine andere Wahl.*

Er zog einen kleinen geflochtenen Läufer zur Seite. Darunter kam eine viereckige Falltür zum Vorschein. Er hob sie hoch und starrte in das dunkle, dreckige Wasser, das etwa einen Meter unter ihm lag.

Ein Schauer lief durch Jubes knochigen Körper. Er haßte es, sich herunterlassen zu müssen und unter dem flachen Boden des Hausboots hindurchzuschwimmen. Er haßte es wie Gift. Vor allem wo jetzt die Alligatoren im Wasser waren. Aber die meisten von ihnen waren wohl vollauf mit Williams Leiche beschäftigt.

Zögernd ließ Jube sich in das kalte schwarze Wasser im Schacht hinab. Er stöhnte leise auf, als es an seinem Körper immer höher stieg. Dann mußte er loslassen, und er rutschte hinunter. Er klammerte sich an den Seiten fest, damit sein Kopf nicht unter Wasser geriet. Dann roch er den Rauch.

Das ist es also, dachte er. *Er hat sich überlegt, was er mit mir anstellen will.*

Jube hörte Mr. Follys gedämpfte Stimme aus der Küche rufen: »Selbst wenn ich damit ein altes Klischee wiederhole, alter Mann, Sie wissen ja – Tote können keine Geschichten mehr erzählen!« Dann lachte er.

Das Lachen veränderte etwas in Jube, der verkrampft in dem eiskalten Wasser hing. Das Lachen zerstörte viele seiner alten Überzeugungen und Illusionen. Es war die zur Stimme gewordene Verkörperung all des Bösen, das im Dreck und Schlamm und Abfall einer Welt gedieh, die immer noch in vieler Hinsicht so wild und barbarisch war wie in Urzeiten. Manche Menschen mußten einfach töten.

Jube hörte auf, Wasser zu treten, atmete tief ein und sank. Die trübe Schwärze des fast völlig überwachsenen Sumpfsees schlug über ihm zusammen, und er stieß sich mit den Beinen weiter, während er mit den Händen seinen Weg unter dem Hausboot ertastete. Seine Lungen blähten sich auf wie Ballons, er versuchte sich hochzustoßen, aber immer noch war das Boot über ihm, und er schien überhaupt nicht weiterzukommen. Dann geriet er in Panik, und er trat und wand sich und stieß Luftblasen aus und krallte sich an den glitschigen Planken entlang, und die ganze Zeit über konnte er vor seinem inneren Auge sehen, wie die schrecklichen Mäuler der Alligatoren sich unter ihm öffneten und –

Und dann war das Wasser auf einmal nicht mehr schwarz, sondern braungrün, dann olivfarben, und dann stieß sein Kopf durch die Oberfläche. Sein eigenes kleines Boot war nur wenige Meter entfernt. Er schwamm hin, die Augen immer fest auf das Hausboot gerichtet, das drohend über ihm aufragte.

Schwarzer Rauch, durchbrochen von orangen Flammenzungen, quoll aus den Küchenfenstern. Jube dachte nicht weiter darüber nach. Er packte die Kante seines Bootes und kletterte an Bord.

Er machte das Tau los und stieg in das zweite Boot. Mr. Folly hatte schon einen Sack mit Konserven hineingeworfen, mehrere Decken und die Segeltuchtasche, die schuld war am Tod von drei Männern. Jube machte auch dieses Boot vom Hausboot los, gab seinem eigenen Boot einen kräftigen Schubs, so daß es weit in den See hinausschoß, und fing dann an zu rudern.

Er war etwa dreißig Meter weit gekommen, als Mr. Folly auf die Veranda trat. Rauch folgte ihm, und er drehte sich noch einmal um, um einen letzten Blick auf sein Werk der Zerstörung zu werfen.

Mr. Folly lächelte und betrat die Gangway. Aber mitten im Schritt blieb er wie angewurzelt stehen und starrte auf die Stelle, an der eigentlich die beiden kleinen Boote hätten liegen müssen. Sein Kopf flog herum, und er sah Jube, der wie wild auf den Fluß zuruderte. Er riß die .32er hervor.

Jube duckte sich, als die Kugeln neben ihm ins Wasser schlugen, aber er hörte nicht auf zu rudern. Er warf einen schnellen Blick zurück. Mr. Folly wollte über die Gangway zurücklaufen, aber er zuckte wie vor einer körperlichen Berührung zurück, als eine dicke Rauchschwade aus dem Küchenfenster quoll. Einen Augenblick lang konnte Jube ihn vor lauter Rauch nicht mehr sehen.

»Kommen Sie zurück! Lassen Sie mich nicht allein hier zurück! Ich kann nicht schwimmen! Ich habe die Waffe weggeworfen! Kommen Sie zurück!«

Jube zögerte, tauchte das Paddel wieder ein, und zögerte erneut. Er sah sich um. Ein Vorhang aus braunem Rauch legte sich immer dichter zwischen das Hausboot und ihn. Er stöhnte und sah zum Sumpf hinüber wie ein Mann, der sich verlaufen hat und angstvoll ein Hinweisschild sucht.

»Was soll ich nur tun?« murmelte er. »Was ist richtig?«

Ein Fuchs schnürte durch die Fächerpalmen und blieb beim Anblick der Feuersbrunst auf dem See verängstigt stehen. Dann wirbelte er mit wehender roter Rute herum und war wieder verschwunden. Drei Alligatoren schwammen zum anderen Ende des Sees, wobei das Wasser um sie herum weiß aufspritzte. Ein Paar Silberreiher erhob sich von einer mit Moos bewachsenen Zypresse und flogen davon. Alle Lebewesen schienen vor dem Ort der Verdammnis und des Bösen zu fliehen.

Jube atmete hörbar aus und tauchte sein Paddel wieder ein.

Den ganzen Weg den Fluß hinunter konzentrierte er sich auf das Geräusch von Mr. Follys Lachen, das noch immer in seinem Kopf widerhallte. Und nach einer Weile wurden die entfernten, leiser werdenden Schreie für den alten Jube zu nichts weiter als einem Echo von wildem, grausamem, barbarischem Gelächter.

Originaltitel: ECHO OF A SAVAGE. 6/64